U1001706

大连

中国人文之旅

宣庆坤 周 雷 编著

时代出版传媒股份有限公司
安徽科学技术出版社

图书在版编目(CIP)数据

中国人文之旅. 大连 / 宣庆坤,周雷编著. --合肥:安徽科学技术出版社,2016.10(2024.3 重印)
ISBN 978-7-5337-6861-4

Ⅰ.①中… Ⅱ.①宣…②周… Ⅲ.①旅游指南-大连市 Ⅳ.①K928.9

中国版本图书馆 CIP 数据核字(2015)第 306568 号

ZHONGGUO RENWEN ZHI LU DALIAN

中国人文之旅 大连

宣庆坤 周 雷 编著

出 版 人:王筱文 选题策划:王 勇 责任编辑:王 勇
责任校对:陈会兰 责任印制:梁东兵 封面设计:数码创意
出版发行:安徽科学技术出版社 http://www.ahstp.net
(合肥市政务文化新区翡翠路 1118 号出版传媒广场,邮编:230071)
电话:(0551)63533330
印 制:永清县晔盛亚胶印有限公司 电话:(0316)6658662
(如发现印装质量问题,影响阅读,请与印刷厂商联系调换)

开本:710×1010 1/16 印张:15 字数:280 千
版次:2016 年 10 月第 1 版 2024 年 3 月第 2 次印刷

ISBN 978-7-5337-6861-4 定价:78.00 元

版权所有,侵权必究

前言

PREFACE

大连作为我国北方最发达的城市之一，至今已有17 000年的人类活动历史，先后历经了9个民族政权的统治，分别是汉族、鲜卑族、氐族、扶余族、契丹族、满族、蒙古族、俄罗斯族和大和族（日本）。

大连无疑是我国北方最耀眼的海滨旅游城市。其独特的地理位置也使之成为历代重要的港口重地，特别是清末民初，政府衰落，日、俄帝国主义列强为争夺大连经营权，在我国领土上发动日俄战争，并长期侵占大连、旅顺地区，至今留存下来的要塞、监狱等设施也已成为大连近代沧桑的伤痕。近年来，随着改革开放，大连成为东北三省乃至北方地区与世界连接的重要港口城市，全新、现代的城市规划使得大连有了“浪漫之都”的美誉。2006年大连与杭州市、成都市一同被评为“中国最佳旅游城市”。每年5月的“大连赏槐会”、9月的“大连国际服装节”等节庆活动更是将大连装扮得靓丽一新。

大连地处辽东半岛的南端，西濒渤海，东临黄海，南与山东半岛隔海相望，冬无严寒，夏无酷暑，拥有得天独厚的海滨、群岛自然风光，是中国著名的旅游地之一。大连以大海为背景，以绿色为依托，是著名的时装城、足球城、田径之乡和夜光城。金石滩、旅顺、冰峪沟、星海湾、虎滩极地、海洋动物馆、圣亚海洋世界、森林动物园、滨海路、大型节庆活动、大连海鲜、四维影院、现代博物馆、自然博物馆、贝壳展览馆等景点和文化都是大连旅游的名牌。

100年前，一批对法国文化情有独钟的沙俄工程师揣着巴黎的城建图纸来到这里，希望在这块远东的土地上再造一个“东方巴黎”。由此形成了大连的一大特色——以广场为中心，街道向四面八方辐射。大连的广场特别多，不大的一块地方，只要有四面辐射的街道，就称之为广场。全城有80多个广场，难怪外地人到大连很容易晕头转向的，搞不清东西南北。大连不仅广场最多，广场文化也同样丰富多彩，绿地、白鸽、雕塑、喷泉自不用说，还有全国独一无二的女骑警和圆舞曲。

大连人大多是山东人的后裔，因此大连菜也属于鲁菜系，以海鲜为主要原料，兼蓄中外之长，形成了自己的独特风格。大连的名菜有“红烤全虾”“清蒸珍壳灯笼鲍鱼”“通天海参”“八仙（鲜）过海”“珍珠海胆”“清蒸扇贝”“清蒸加吉鱼”、“五彩雪花扇贝”“灯笼海参”“彩蝶虾”“鱿鱼戏龙螺”“群鸭抱海参”“海螺大虾”“原壳鲍鱼”等。到大连不吃海鲜，实为一大憾事。

大连就是这样一个充满魔力的城市，她不大也不小，人口不多也不少，有着阳光、大海、沙滩和美女，在某些人的眼里，她是中国最美丽、最浪漫的城市。

目录

CONTENTS

第4章 自然胜景与人文情怀

第5章 信步于广场之林

第6章 海畔美食之旅

第7章 “大连味儿”

第8章 名山秀水净修心

第9章 海天之间自由徜徉

第10章 大连风情之歌

第11章 浪漫之都，魅力之城

附录

第1章

魔力海滨——不求最大，但求最佳

2

历史上的大连——远在天边，近在眼前

大连是我国北方重要的港口,是一座集工业、贸易和旅游为一体的城市，素有“北方香港的”美誉。

今天我们看到的大连，它是我国14个沿海开放城市之一，是中国北方对外开放的窗口，同时也是东北亚国际物流中心、区域性金融中心，东北地区最大的港口城市。这里所有的一切，已经表明她在中国、在世界、在人们心中的定位，是作为一个现代化的都市而存在的。但在我国古代，大连是什么样的呢？下面让我们跟随历史的脚步，走进大连。

19世纪，这里还是一个名叫青泥洼的小渔村。1897年12月，俄国强占这里，随后开始建城，给她起名“达里尼”，意为遥远的城市。1905年，日本人占领了大连后，把“达里尼”音译过来，成了汉语的“大连”。这是“大连”一词的由来，而它的名称在历史的长河中也经过了不断的变化，魏晋时称三山，唐朝时称三山浦，明清时称三山海口、青泥洼口等，看到这些名称的变化，我们不禁又要问：这个曾经的小渔村，现在的大都市究竟经历了什么？

战争遗址

大连夜景

3

早在6 000多年前，我们的祖先就开辟了大连这块土地。大连直到战国时期开始步入历史的舞台，归属于燕国的辽东郡。公元前221年秦始皇统一六国，建立了中国历史上第一个封建王朝，鼓励农桑，大力发展手工业和商业，这些措施也对大连地区产生了一定影响。到了汉朝，历经文景之治，加之汉武帝着重开发辽东，从河北、山东一带大量移民，这些移民到辽南、辽东开垦荒地，修建城堡，此地也逐渐被重视。汉朝于公元前107年设置辽东郡，下设18县，大连地区就分属于沓氏县、平郭县和武次县。唐朝初期，大连地区属安东都护府积利州的辖区。辽时又属东京通辽阳府的辖区。19世纪80年代，清朝于今大连湾北岸建海港栈桥、筑炮台、设水雷营，一时成为小镇。

然而好景不长，正当这个小镇如火如荼地进行发展时，却遭受到了外来势力的破坏，让她的“脚步”不得不转入另一条途径。

第一、二次鸦片战争期间，英军对大连地区进行了侵扰。作为甲午战争和日俄战争的主要战场，大连在近代史上曾遭受两次大的战争劫难，沦为俄、日殖民地近半个世纪，其中日本的殖民统治达40年。1895年底，日军因侵占中国领土而损害了其他帝国主义的利益，在俄、德、法等国干涉下，清政府以3 000万两白银向日本买回辽东半岛。此后，沙俄以100万两白银重贿李鸿章，于1898年3月27日签订了《旅大租地条约》。1898年开始，俄在大连湾南岸的青泥洼一带建城。1945年8月15日，日本投降，大连同日解放，为全国最早解放的城市，同时设立旅大市。新中国成立后旅大市被辟为中央直辖市，1981年更名为大连市。

4

大连荣誉——滨城之最

大连，被誉为“北方明珠”“东北之窗”“浪漫之都”等，是中国最佳旅游城市。

大连，中国北方最开放的城市，GDP位居东北第一位，是辽宁沿海经济带的金融中心，航运物流中心，也是东北亚国际航运中心，东北地区最大的港口城市。

大连环境绝佳，被联合国环境规划署评选为国际花园城市，2012年入选“2012年度中国特色魅力城市200强”，江泽民同志曾为她题词“北方明珠”。

此外，大连还曾获得很多荣誉，现简列如下：

中国最漂亮的浪漫之都

中国第一批优秀旅游城市

中国最美丽的花园式城市

中国最具安全感城市

中国第一个“世界环境500佳”城市

中国第一批国家卫生城

中国广场最多的城市

中国市内交通最顺畅的城市

中国文明程度最高的出租车队

5

亚洲最大的城市广场——星海广场

中国第一个海军广场

第一批文明城市

中国最早的特色旅游活动——大连赏槐会

中国最有吸引力的烟花爆竹迎春会

中国最早的国际马拉松赛

中国最早的冬季旅游购物活动

中国最大的森林国宾馆——棒棰岛宾馆

亚洲最长的海底通道式水族馆之一——圣亚海洋世界

中国最大的森林动物园——大连森林动物园

中国北方最秀气的景区——庄河冰峪沟

中国第一个南北极海洋动物馆

中国最大的热带雨林馆

中国海洋生物标本数量和种类最多的自然博物馆

中国最大的四维影院——虎滩四维影院

中国海洋动物最多的海洋公园——大连老虎滩海洋公园

中国第一个以“现代”冠名的大型综合博物馆——大连现代博物馆

中国最有影响力的国际服装节和最热闹的巡游表演（狂欢节）

中国北方最大的旅游商品店——大连中国工艺旅游品交易市场

跑得最快的马家军（曾经）

3项世界第一星海蹦极跳

中国最专业的模特学校

中国第一支女子骑警队

品质最好的金刚石

中国最大的造船厂

最能代表中国职业足球的大连实德队

中国最早的轴承厂——瓦房店轴承厂

中国第一个豪华游轮主题乐园——奥丽安娜

最具挑战性的高尔夫球场——金石高尔夫球场

中国最大市内海水娱乐场——旅顺水上人间

中国第一个世界和平公园——大连世界和平公园

中国最大海景摄影基地——皇家海岸国际影视城

中国内地创新能力最强的城市

最奇特的自然景观——旅顺黄渤海分界线

世界上最早的10个航标灯塔且仅存的3个灯塔之一——旅顺老铁山灯塔

中国最好的天然军港和近代“博物馆”——旅顺

亚洲最大的蛇博物馆

中国保存最完整的监狱陈列馆——旅顺日俄监狱旧址

中国最大的园林化博物馆——旅顺博物馆

最鲜的鲍鱼和最有营养的海参

中国最早的开发区和东北最早的保税区

中国第一个AAAAA级国家旅游度假区——金石滩国家旅游度假区

世界最大最古老的龟裂石

……

这里所有的一切荣誉均代表了大连、大连人、大连风景、大连文化在中国乃至世界上的地位，也说明了大连在人们心中的地位，以及大连城市整体的优秀，是对大连最好的诠释。

独特地理环境造就的美丽城市

大连市位于北半球的暖温带地区，具有海洋性特点的暖温带大陆性季风气候，冬无严寒，夏无酷暑，四季分明。

大连是京津的门户，是东北、华东、华北以及世界各地的海上门户，是重要的集旅游、贸易、工业、港口为一体的城市。位置在东经120度58分至123度31分、北纬38度43分至40度10分之间，北依营口市，包括东三省以及内蒙古自治区在内的地区是大连的广大腹地，而且它的南部与山东半岛隔海相望，并与俄罗斯、朝鲜、韩国和日本远东地区相邻。这里属温暖季风气候，冬无严寒，夏无酷暑，四季分明。同时降水量丰富，相对湿度较高，又具有海洋性气候的特征。

独特的地理位置和适宜的天气，使此地聚集了大量的人口，逐渐发展成了一个“现代化的大都市”。其全市总面积12 574平方千米，老市区面积2 415平方千米。

由于地质构造，尤其是第四纪以来的新地质构造活动和海水动力对陆地长期作用影响，区内山地丘陵多，平原低地少。整个地形为北高南低，北宽南窄；地势由中央轴部向东南和西北两侧的黄海、渤海倾斜，面向黄海一侧长而缓。长白山系千山山脉余脉纵贯本区，绝大部分为山地以及久经剥蚀而成的低缓丘陵，平原低地，还有零星分布在河流入海处及一些山间谷地，岩溶地形、喀斯特地貌和海蚀地貌随处可见。

黄海、渤海两大水系，几乎贯穿了大连全境。其中注入渤海的主要河流有李官村河、三十里堡河、复州河等；注入黄海的较大河流有大沙河、马栏河、登沙河、赞子河、碧流河、英那河、清水河、庄河等。其中，最大的河流为碧

俯瞰大连海景

流河，是市区跨流域引水的水源河流。还有200多条小河。其中英那河水库、松树水库、刘大水库、北大水库等是大连地区的主要淡水资源。

大自然提供的资源，为人们的基本生活提供了基础，也为大连的发展奠定了基础。这里不仅有丰富的中国近代人文历史旅游资源，还有许多风景秀丽的自然旅游资源。冰峪沟风景区、金石滩风景区、南部沿海风景区是大连的四大名胜风景区。更有每年一度的大连啤酒节、国际服装节、国际马拉松比赛、赏槐会、烟花爆竹迎春会等大型活动，相继在大连举办，为城市增光添彩的同时，也带来了无限的活力和商机。

美丽的大连

11

海鲜美食——快乐到家

大连的美食以海鲜为主，兼具山东人的饮食习惯，构成了独特的大连味道。

很多人大概都有这样一种体验，到过一座城市，记不住那里的风景，却忘不了当地的小吃。实际上，许多地方是以小吃扬名的。大连街的小吃又如何呢？这就要从大连人的饮食习惯说起了。

大连菜属于鲁菜系，以海鲜为主要原料，兼蓄中外之长，形成了自己的独特风格。大连的名菜有“清蒸扇贝”“清蒸加吉鱼”“五彩雪花扇贝”“灯笼海参”“彩蝶虾”“鱿鱼戏龙螺”“群鸭抱海参”“海螺大虾”“原壳鲍鱼”等。

不但有名菜，还有名吃，这里的名吃自然也是以海鲜为主题。

大连海鲜三大名吃一曰“生吃海胆”。将海胆中间切开后，用小勺舀，蘸辣根(芥末)吃，会得到意想不到的体验。二曰“海参两吃”，一吃是生拌香菜，口感有点涩；另一吃是做汤。三曰“海肠炒韭菜”，蹦脆又清爽，是大连人最常吃的菜之一。

还有一类让大连人常常惦记的小吃，那就是大街小巷随处可见的烧烤。最出名的当属五四路烧烤一条街。鲜活的虾爬子(皮皮虾)来半斤，蛤蜊来一碟，黄花鱼来两条，大葱、黄瓜、萝卜蘸酱来一盆，再要上三四个玉米饼子，美味、管饱，又便宜。

单吃烧烤没有啤酒怎么行？大连人总会找点刺激的，他们喜欢一串肉抹进嘴里的同时，再一杯沁凉沁凉的啤酒，咕咚咕咚喝下肚，怎一个爽字了得。

还有咸鱼饼子，是从当地农村流入城市的，所有小馆子大饭店都吃得上。里面卷的鱼是秋天的海鱼，有棒鱼也有黄花，巴掌长，放了姜葱盐腌，腌好了用油煎得焦黄。饼子是陈年的苞谷面掺了豆面白面发的。把大锅烧上水，饼子贴在锅四周，是不是听着就想吃了呢？

除了吃的喝的，大连还有很多东西可以带走，那就是用美丽的贝壳做成的工艺品，这些都非常漂亮，送出去很有意义。在大连，贝壳不单单被加工成了工艺品，还有很多被做成了贝雕画。贝雕画一般以珍惜的螺壳为原料，结合石雕、玉雕的工艺，雕成人物、花鸟、虫兽各种形状的作品。这些作品色彩鲜艳，造型独特，也是收藏和送给亲友的佳品，放在家中有很强的装饰性。

第2章

见证历史的点点滴滴

14

肃亲王府——溥仪和婉容在此团聚

大连肃亲王府旧址位于旅顺新市区新华大街9号，1912年肃亲王善耆从北京逃亡到旅顺，居住在这里。这幢旧楼见证了溥仪和婉容的团聚，也见证了川岛芳子的出嫁，还与复辟等历史事件有着紧密的联系。

肃亲王府是砖石结构的二层楼房建筑，建成于1900年，最初是俄国商人希尤的别墅。日俄战争之后，日本人占据了旅顺，也强占了当地的俄国建筑，小楼成了日本关东都督府民政部长白仁武的官邸。1912年2月，日本人阴谋策划成立“蒙满王国”，并与当时逃出北京的清肃亲王合作，开展复辟活动。肃亲王名叫善耆。他是清太宗皇太极长子豪格的第十代直系子孙，曾担任清民政部尚书和军机大臣等职务。当年汪精卫的出名是因为1910年谋刺清摄政王载沣，事情泄露之后被捕，被清政府判处终身监禁。那个时候，为汪求情，赦免汪的就是善耆。善耆的开明在清末政坛受到了一定的赞誉，但他毕竟对清政府深有感情。辛亥革命后，他拒绝在清帝的退位诏书上签字，之后来到了旅顺。后来在两次满蒙独立运动中，善耆得到了日本人的大力支持。作为绝对的保皇派，善耆变卖了全部家产，而且向日本财团借了一笔巨款招兵买马，招募了一支2000人的“勤王军”。之后，这支军队打着“讨伐袁世凯”的旗号，试图为大清国做最后的努力。然而，善耆的先后两次“满蒙独立”运动都是雷声大雨点小，以失败收场，直到再也没有能力继续他的“事业”。

1914年，善耆将女儿金璧辉（“十四格格”）给日本人川岛浪速做养女，并被送到日本接受严格的军国主义教育。金璧辉是汉名，她的本名爱新觉罗·显玗，给日本人做养女后改名川岛芳子。这个川岛芳子就是历史上著名的汉奸，也有人称她为日本间谍，因为她的身份比较复杂。川岛芳子参与过“皇姑屯事件”“九一八事变”“满洲独立运动”等，还亲自导演了震惊中外的上海“一·二八事变”。

总之，这对父女的所作所为对中华民族的复兴带来了重重阻碍。1931年，川岛芳子带了一个生病的友人来到天津，住在了静园的婉容家里。婉容是清代最后一个皇后，当时和末代皇帝溥仪正被迫分离。婉容在天津基本处于被软禁的状态，十四格格的到来给她带来了些许安慰。几天之后，静园有消息传出，说是十四格格的朋友不幸病逝。之后，棺材从静园运出，一路顺畅地运上了一艘大船，最终抵达大连。这个棺材里面，可不是十四格格的什么朋友，而是活着的婉容。那艘运送的大船，也是由日本军舰改装而成的。婉容到达大连时，溥仪正被软禁在旅顺太阳沟的大和旅馆（即今天的大连旅馆）。最终，日本人安排溥仪和婉容住进了肃亲王府。这是川岛芳子一生当中最得意的事情之一。自始至终，这座不起眼的肃亲王府有过三位声名显赫的主人，一位是最后的肃亲王善耆，另一位是女间谍川岛芳子，还有一位就是末代皇帝溥仪。

近年，人们对此地进行修缮。在施工过程中，工作人员发现，王府外面看似乎并不大，但内部真是让人意想不到。房间中光是地板就铺了三层，光是拆除这小楼中的地板就拉了30多卡车；施工人员想在墙上钻个眼都很困难，整个房屋结构虽然没有钢筋，但极其结实；在小楼的墙体里，发现了100多年前的电线，那可以算得上是古董了。

经过修缮的建筑已经焕然一新。肃亲王善耆企图复辟清室的“功绩”都记载在一块王府院内的石碑上。这块石碑在新中国成立后被推倒，它的下半部分还在，前来的游客可以通过它，了解当年那纷乱的历史。

门票信息：免费。

开放时间：8：00—16：00。

交通导航：旅顺口区新华大街9号。

16

大连宾馆——巴洛克式建筑

大连宾馆位于大连中山广场，是文艺复兴时期风格的巴洛克式建筑，现为全国重点文物保护单位。大连宾馆建筑风格恢宏、历史文化底蕴深厚，曾接待过刘少奇、周恩来、彭德怀、乔石、李瑞环以及竹下登、村山富市、黑格等百余位中外名人。

大连宾馆建于1909年，1914年竣工，虽然是欧式风格，却是由日本建筑师设计的。大连宾馆始称“大和旅馆”。宾馆迎宾厅的匾额由郭沫若书写，内部采用古希腊建筑风格，中庭两侧有八根气势恢宏的大廊柱。大连宾馆里，最著名的要数208号客房，这间充满日式韵味的客房，天棚方格、日式梳妆台、酒柜、紫檀木雕花双人床等房间的布置，都充满古色古香的韵味，末代皇帝溥仪、现代戏曲大师梅兰芳都曾在此居住过。房间里的双人床，曾有人出高价购买，但被宾馆负责人拒绝，因为这是宾馆文化的重要一部分，给再多钱也不会把文化卖掉。现在的208号房间，不仅作为一个景点，也提供住宿，只是价格可不是一般人能承受的。

巴洛克式建筑

宾馆外观

1914年旅馆完工后，一直由日本殖民当局经营，是当时东北地区（日本人所谓的“奉天”）最豪华的宾馆，位置也是在中山广场最好的地方。入住宾馆的除了日本人还有清朝的遗老、伪满的政府人员等，如果没有政治身份，当年就算再有钱也无法入住。直到日本投降后，这里才回到中国人民的手中，改为“苏联红军警备司令部”，到1953年又被改称“大连宾馆”。

1960年，这座豪华的宾馆迎来了它的又一次“辉煌”，这一年的“五一”前夕，毛泽东的儿子毛岸青在此成婚，迎娶了邵华。

现在的大连宾馆，在世界范围内都有一定的声誉，从商界翘楚、贵族名流，到各国政要来到大连，这里都是首选的下榻地点。在中山广场诸多有名建筑中，大连宾馆显得不同凡响。

门票信息：无。

开放时间：全天。

交通导航：可乘坐23路、30路等在中山广场站下车。

18

旅顺火车站——俄国风格木质建筑

旅顺曾有两个火车站，一个是沙俄1900年建成的，现在是当地的派出所，还有一个就是旅顺火车站。旅顺火车站为日本人所修建，位于井冈山8号白玉山下，西临龙河，南靠旅顺军港，占地420平方米，是典型的俄罗斯风格平房建筑。

旅顺火车站是日俄战争后修建的，当时日军用俄国的“旅顺火车站图纸”为模板，建成该车站，称为“旅顺驿”。其中，候车室的主建筑顶部，有俄罗

旅顺火车站近景

斯风格的铁皮鱼鳞塔楼；建筑的草帽型椭圆尖顶，挂满羽毛状的小瓦，充满异域风情。旅顺火车站是现在东北保存最完整的欧式火车站，来到这里，颇有一个世纪前去欧洲旅游的感觉。

日俄战争之后，日本人占领了旅顺，为了便于运输，将俄式的宽轨改成了窄轨。当时的战争中，火车这种交通工具极重要，所以列强都有自己的铁道建设标准，也是为了防止战败后铁路被敌国用来运输物资。一转眼40年过去，日本战败，旅顺火车站被苏联红军接管，1952年苏联将旅顺火车站转交给中国。1955年，中国人民志愿军来到旅顺接收旅大市（现在的旅顺和大连地区），苏军在旅顺车站列队欢迎。这之后，旅顺结束了长期的动乱，迎来了真正的和平。

旅顺火车站是木制的建筑，这在火车站当中是不常见的。2005年，旅顺火车站开始进行维修，这座使用了100多年的车站，将继续使用下去。对历史感兴趣的游客不要错过这个景点了。

门票信息： 乘坐火车即可。

开放时间： 全天开放。

交通导航： 乘旅顺公交2路、3路、5路可到达。

车站一隅

21

南山街10号——孙传芳隐居之地

大连南山街10号，现在是共青团大连市委办公楼。这幢欧式的花园别墅，原来的主人和建筑年代已经无从知晓，但南山街10号之所以有名，是因为它曾经是中国内地军阀和政客的避难所。20世纪20年代，军阀孙传芳曾携家人在此居住过一段不短的时间。

漫步在南山风情一条街，游人不禁会被这里幽静、淡雅的氛围所吸引。沿着南山的北路顺道往上，会看见一桩日式风格浓郁的欧式建筑，这就是南山街10号。一般而言，日式建筑同中国传统建筑类似，多采用尖屋顶，而欧式建筑是平屋顶，因此很好分类。2002年，此地被列为大连市第一批重点保护建筑，南山街10号有着不一般的历史。

1925年，孙传芳统辖东南五省，成为直系中最有实力的军阀，这是他一生最得意的时期。而1931年“九一八事变”之后，孙传芳流落天津，并避世读佛，远离尘嚣。当时在天津的日本人土肥原贤二和冈村宁次，曾多次拉拢孙传芳加入日本势力，孙传芳虽非大忠大义，然而民族良心尚未泯灭，他义正词严地拒绝了日本侵略者的收买。后来，孙传芳被他的仇人之女暗杀于“居士林”，结束了纷扰的一生。南山街10号，正是孙传芳从得意到失意的人生中居住的重要场所，在“九一八事变”前，很长时间里孙传芳都住在那里。而孙传芳的人生下坡路，是什么时候开始的呢？这不得不提到张学良。1926年，为国民革命军的力量所震慑之后，孙传芳打算找张作霖捐嫌修好，共谋利益。张作霖在沈阳皇姑屯被日本人炸死之后，因为不同意张学良对国民政府的示好，1929年孙传芳只身逃亡大连，然后住在了南山街10号。这个曾说过“秋高马肥，正好作战消遣”的好战分子，结束了风光的军阀生涯，最终死于非命。

孙传芳离开的第四年，1940年，日军“陆军奉天特务机关大连出张所”驻扎在此。日本投降后，经过了几次更变，现在这里是大连团市委、大连市青联的办公楼。

五星红旗在楼顶迎风飘扬

南山街10号

门票信息： 免费。

开放时间： 8：30—17：00。

交通导航： 可乘坐公交407路、529路在儿童公园站下，或乘11路、24路、27路、529路、708路在桂林街下。

旅顺口——见证东北亚风云交替

旅顺口位于辽东半岛的最南端，濒临黄海和渤海，是国家级重点风景名胜区、国家级自然保护区、国家森林公园和历史文化名城。旅顺口历史悠久，除了世界奇观蛇岛、世界和平公园、黄渤海分界等自然景观外，还有甲午战争遗迹为主的人文景观，吸引了无数游客。

“旅顺口”这个名称最早见于明朝。1371年，朱元璋派遣马云、叶旺镇守辽东，在扫除了元朝的残余势力之后，两将帅军从山东半岛跨海在辽东半岛西南的“狮子口”登陆，因为海上旅途顺利，遂将此地改名为“旅顺口”。旅顺港自古以来就是北太平洋重要的海军基地，西方旧称亚瑟港或阿瑟港（英文：Port Arthur），从清朝开始营建至今已经有200多年的历史。这里曾先后被沙

旅顺口石碑

旅顺口风光

俄和日本占领，饱受了战争的浩劫。闻一多先生的《七子之歌》中，旅顺口即是七子之一。

1880年，清政府兴办的北洋水师选择了旅顺口，在此建炮台、修军港、筑船坞，把一个原本平静的小港变成了军事要塞。10年之后的甲午中日海战，给旅顺口留下了疮痍和沧桑，更在每个爱国的中国人心中留下了抹不去的伤痕。俄国人很早就想在太平洋抢夺一个不冻港，1897年，德国抢占胶州湾，沙俄借口“帮助中国人摆脱德国人”，派军舰驶入旅顺口。尽管俄国人答应“春暖离港”，然而背后却和德国人暗中勾结，共同商议如何侵略中国。之后没多久，俄国人一方面贿赂清朝的要员，一面从海参崴往旅顺口增派舰艇，既施压又来

“糖衣炮弹”，最后，终于逼迫清政府，同意签订了《旅大租地条约》，当时代表清政府签约的是李鸿章。不过，真正使旅大人民蒙受苦难的，还是日本人。1904年，日俄战争爆发，日本人用他们最擅长的偷袭，打了个俄国人措手不及，让俄国的海军遭受了重创。最终，日本从俄国手里夺得了旅大地区。

日本战败后，灰溜溜地从旅顺口撤走，旅顺人民欢呼雀跃。新中国成立后，周恩来总理兼外长同苏联外长维辛斯基在莫斯科签署了《中苏友好同盟互助条约》，条约中废除了之前中俄的不平等条约。虽然日本人和俄国人都走了，然而曾经的侵略者，给这里留下了许多不可磨灭的痕迹，外国史学家称旅顺口是“东北亚最大的露天近代史博物馆”。除此之外，在旅顺口500平方千米的土地上，还有新石器时代遗址、汉代牧羊城、唐代鸿胪井等，到旅顺口游玩一趟，真好似读完一本历史书呢。

旅顺口风景区总面积240多平方千米，是大连最大的风景名胜区。白云山庄的岩溶礁石如同“海上石林”，蔚为壮观；老虎滩公园是大连目前人气最高的景点之一；星海公园尤其以海滨浴场出名，沙质细腻，海风宜人，春天时樱花开遍，景致优美；老铁山鸟栈和黄渤海分界线堪称世界奇观……除了有诸多自然景观，旅顺口物产也极为丰富，这里生产的400多种蔬菜和水果供应到国内甚至国际市场。旅顺口的各种藻类、贝类和鱼虾，都是辽东名产。水产养殖发达，还拥有目前世界上最大的养鲍基地，所产的鲍鱼等海鲜出口十几个国家。当年的日俄侵略者，如果在地下还能够看得到，面对现在重回中国怀抱、繁荣而欣欣向荣的旅顺港，不知道会作何感想，兴许会为曾经的罪孽而悔恨不已吧。

门票信息：免费。

开放时间：全天开放。

周边景点：清代南子弹库、海防炮台、旅顺军港、白玉山景区、蛇馆、狮虎园、海军博物馆、老虎尾。

26

阎锡山楼——山西人在大连

推荐星级：★★★

现在的阎锡山楼，属于沈阳军区第二疗养院，屋内仍然部分保持了当时豪华的装饰风格。这座建于1930年的建筑，作为省级文物保护建筑，经历了不平凡的历史。

这幢位于文化街的老建筑，已经有80多年的历史，当时，日本人为了拉拢在中国颇有影响力的阎锡山（阎锡山曾登上过美国《时代周刊》的封面），特意依据阎家老宅的建筑风格，在大连修建了这幢别墅。虽然这里被称为“阎锡山楼”，但有专家考证，当时阎锡山为防备蒋介石的追杀，来大连后他犹豫良久，最终没有住这里，而是秘密住进了黑石礁的张宗昌别墅。不过多数学者还是很肯定，阎锡山住过这里。

1930年的中原大战，阎锡山和冯玉祥的国民党新军阀一方完全失败，被蒋介石打得落花流水。张学良站在蒋介石一边，以“武装调停”的中间角色登场。之后，阎锡山和冯玉祥联名通电下野。不过，满腹伎俩的蒋介石仍然不放心，逼迫阎锡山离开山西，到国外去。同时，在天津法租界的河岸码头，早有打算的蒋介石预备将阎锡山及其一家老少全部捉拿。他想得很清楚，只有将阎控制在手中，山西的割据才可以免除后患。然而，阎锡山毕竟也不是泛泛之辈，他料到老蒋绝不可能轻易放自己出境，于是，在中途他巧妙地化妆打扮，混到了大连。日本人得到了阎锡山来大连的风声。虽然阎与日军有过节，但日本人还是决定利用阎锡山来扩展在中国北方的势力。日本人精心修建了阎锡山楼，有暗房、有机关，颇有点像电视剧里特务居住的房屋。除一应俱全的生活设施，阎锡山楼还有空调。在20世纪30年代，能够用空调，即使在许多有钱人的眼里，也是想都不敢想的事情，更别说平民老百姓。楼里面，建筑者利用结构原理，设计的是自然空调。夏天拧开空调的开关，空气能够自然地流通进来，非常方便。这甚至比现在家用的空调还要高级呢。1931年，阎锡山重金包

阎锡山楼

下一架日本客机，请了日本的民航局长驾驶，飞回山西大同。1949年，阎锡山终于和蒋介石站到了一条战线，出任了国民党的行政院院长，1960年病死在台湾。这幢小楼并没有随着阎锡山的离去而被淡忘，至今仍为游人拨开那段尘封已久的历史。

门票： 无。

开放时间： 全天。

交通导航： 乘坐2路或5路在桃源街站下车，步行至八七养老院。

28

日俄战争遗址——那忘却的纪念

日俄战争遗址主要包括东鸡冠山北堡垒、日俄战争陈列馆、二龙山堡垒和望台炮台等四个景点。这里保存了较完整的战争遗址，建有全国唯一的日俄战争陈列馆，是历史爱好者到大连的必去之地。

甲午战争之后，日本军国主义者开始疯狂地吞并朝鲜、侵略中国，推广它的“大陆政策”。日本人的野心，同沙皇俄国独占亚洲、称霸太平洋的“远东政策”产生了尖锐矛盾。俄国大臣多次建议沙皇，给日本点颜色看看。

中日《马关条约》规定，清政府将辽东半岛割让给日本，这使得俄国人相当不满。沙俄为获得不冻港旅顺，控制我国东北地区，联合了德法两国对日本施压，最后清政府赔偿日本白银3 000万两作为“赎辽费”赎回辽东半岛，史称“三国干涉还辽”。阴谋毕竟是阴谋，总有一天会败露。俄国人的野心越发显露出来，沙皇俄国没多久就以“还辽有功”为借口，抢取了在中国东北修筑铁路的特权，后来，俄国又向清政府强租旅顺和大连。1904年的日本，历经了10年的努力备战而实力大增，决心报复俄国的一箭之仇，并且取代俄国在东北的地位。日本人一向是睚眦必报，这在近代史上无论什么时候都表现得淋漓尽致，从不例外。1904年日本发动了对俄的“分赃之战”。战场虽然在中国，但战斗的两方其实是试图争夺亚洲甚至整个太平洋的霸权。

日俄战争分为陆战和海战，战争最关键和激烈的战役莫过于旅顺口要塞之战。这场战役是整个日俄战争胜负走向的关键，最终俄国人棋差一招，被偷袭的日本人打败。那场惨烈的战争，最痛苦、最受难的是无数东北的老百姓。多少家庭流离失所，多少家园毁于一旦，多少被拉去充军的中国人充当了无谓的炮灰！

曾经满目疮痍的战场，现在已经不再是原来的样子，恢复了良好的生态，白玉山表忠塔、水师营会见所、203高地、老铁山炮台、电岩炮台、旅顺监狱……游客们可以细细游览参观，回顾那硝烟弥漫的过往。

鸡冠山北堡垒

士兵宿舍

遗址炮台

东鸡冠山堡垒

门票信息： 免费。

开放时间： 全天开放。

园内景点： 鸡冠山北堡垒、日俄战争陈列馆、二龙山堡垒、望台炮台白玉山表忠塔 、水师营会见所 、203高地、电岩炮台、旅顺监狱等。

大云书库——曾经惨遭浩劫

罗振玉大云书库位于旅顺口区洞庭街一巷12号，建于1931年，是一座三层楼的和风欧式风格的建筑，藏书面积约4 500平方米。大云书库曾是一座声名显赫的藏书楼，见证了主人罗振玉半生的命运。

1945年，苏军进驻旅大不久，征用了旅顺的一座书库。书库的主人被迫与家人离开了宅子，书库中收藏的书画、古籍等因为无法搬走，又遭到苏军的搜查，被翻得狼藉一片，散落到楼外，遭到路人哄抢，有一多半书籍流失……远在延安的毛主席得知这个消息后，立刻指示当时的旅大地委，采取一切措施抢救和保护这些藏书。这些古书有什么重要价值，竟然能让千里之外的毛主席如此动容？还得从它的主人说起。

这个书库叫作大云书库，它的主人是罗振玉。罗振玉是中国最早在甲骨学研究方面取得进展的学者之一，而他，也是敦煌学的奠基人。光是这两个名头足以令他扬名海外，永垂学术史。

罗振玉与另一位精通甲骨文和敦煌学的大学者——王国维既是姻亲，又是至交，在学术上更是互相交流，在中国的文化史上留下了浓重的一笔。郭沫若在《中国古代社会研究·序言》中这样评价，“在中国文化史上实际做了一番整理功夫的要算以清代遗臣自任的罗振玉，特别是前两年跳水死了的王国维……欲清算中国古代社会，我们不能不以罗、王两家之业绩为出发点了。”这番话，中肯地表明了罗振玉在国学研究方面做出的贡献。然而，罗振玉在政治上一直持有比较保守的态度，始终效忠清室。他与溥仪也有着很紧密的关系，不过很可惜，溥仪后来对罗振玉的评价却不太高。

如果说罗振玉在国学方面的研究让您不足以记住他，那么下面的介绍就不仅仅是记住，而是难忘了。他的另一个身份就是“收藏家”。

罗振玉“大收藏家”的称号从哪里来的呢？据说他为保存和流传敦煌古文献、文物做出过相当大的努力，曾经奔走呼告，筹措资金，并捐出了个人全部的钱财，购买敦煌流失的卷轴文物，而他个人，所收藏的书画、青铜器、古籍、简牍、明器、清宫档案，也是数不胜数。大云书库就是罗振玉的藏书馆，这是罗振玉自清末开始，历时40余年辛苦收集，花巨资积聚起来的，其中不乏珍贵的古代善本、孤本。

而大云书库当年究竟藏书多少？现在已经无人能说得清，有的说30万册，有的说更多。除了古书，大云书库还收藏了大量的殷墟甲骨。罗振玉从研究甲骨文而开始甲骨文的书写，他是世界上认识甲骨文最多也是第一个以甲骨文文体写书法的人。除此之外，大云书库还存有大量书画、青铜器等古物，是一座名副其实的文化宝库。1940年罗振玉在旅顺去世，大云书库由他的家人继续看护。 1945年的浩劫发生时，罗振玉早已作古，这未尝不是一件幸事，如果罗振玉目睹毕生心血遭此涂炭，一定会心如凌迟。

然而，失落的文物终究绝大难以找寻。收藏在旅顺博物馆的镇馆之宝，元代的《竹石图》当年也是大云书库流失的文物之一，被百姓捡走之后，因为画轴是玉石的，不能当劈柴而幸免于难。类似的文物不胜枚举。现在的大云书库，早已经成为大连市的保护建筑，在供游人参观游览的同时，也令人回味起那一段辛酸的历史。

门票信息：免费。

开放时间：外部参观，入内需预约。

周边景点：乘坐1路、2路、3路、4路、5路、10路、11路公交车可以到达。

32

横山书院——大连最早的书院

推荐星级：★★★★

大连横山书院位于瓦房店市复州城西街，是辽南大地唯一保存下来的古代书院。这里原是清代中叶的将军府邸。作为当时的高等教育机构，横山书院为大连培养了不少著名的文化人物。

横山书院虽然不像白鹿洞书院、岳麓书院那样知名，然而当游客漫步在书院当中，追寻那远去的书声，欣赏这里每一组院落、每一间房屋、每一块石碑，甚至每一片砖瓦，都能深深体会其中的历史文化韵味。关于横山书院前身的将军府，有个颇有趣味的传说。

将军府的主人叫作做巴海，原本是清宫中的一名小小马童，专门为康熙皇帝饲养御马。这年，巴海回家探亲，遇见少年时代的好友复州人张云清。张云清赠给巴海一匹好马，名叫白龙驹。据说这马日行千里，奔腾如飞，巴海很是喜欢，把马带回了北京。之后不久的一天，康熙去郊外打猎，巴海那日也在后面伺候着。在捕猎期间，突然从田间跑出一只兔子，巴海虽然在康熙的身后，离这只兔子较远，不过，他骑的可是白龙驹。为了讨好主子，他拍马向前，一矮身，伸手捉住了小白兔。康熙觉得有趣，在马上哈哈大笑，失声喊道："好一个固鲁马哄（满语里兔子的意思）将军。"巴海一听，竟然封他为将军，急忙下马跪地叩头，说："谢主圣恩。"康熙一愣，自知失言。然而，金口一开，"君无戏言"，只好答允了。从此以后，小马童巴海摇身一变，当上了镇殿将军，并在大连修建了他的将军府。

清道光二十四年（1844年），复州知州为了繁荣地方文化建设，建议地方绅士名儒义捐，将原来的将军府邸扩建为书院。后来作为古复州的最高学府，横山书院成为复州文化的发祥地之一。这个小小的书院，在几十年间培养出举人10名，进士2名，翰林1名，着实不易。经历了战火后的横山书院，曾是复州街国民优级学校、复县士达中学，后来又成了复县第二十二中学。现如今来到横山书院，在修旧如旧的书院里，游人可以感觉到当年浓郁的学府气息呢。

书院前的孔子像

门票： 20元。

开放时间： 8：00—17：00

交通导航： 可先在北岗桥乘往复州城的班车，每天5：00—14：40有四个班次。

大连高等小学校——日伪的遗存

位于大连市西岗区欢胜街3号的大连市实验小学，曾经是日本人建造的大连高等小学校，也叫作“大连伏见台国民学校”，被列为“大连市第二批重点保护建筑名单”。这座建筑，见证了日本以教育入侵、奴化中国的历史。

翻开日本的教科书，其中颠倒历史、混淆黑白的内容不在少数，这很多都要“归功”于日本的右翼势力。任何一个热爱和平的民族，绝不会因为任何情况随意地弯曲、篡改历史。100余年前的中国国土上，教育作为日本侵略者奴化中国少年的武器，在中国的东北留下了深深的烙印。

既然想以所谓的文化来荼毒中国人民，自然要建立传播文化的场所。大连高等小学校就是其中一所。

大连高等小学校建筑面积约7 300平方米，是近代折中主义建筑，外观典雅而规整，地上两层，地下一层，用的是两边对称、中央凸显的方式建造。然而，这座看起来赏心悦目的建筑，却与日本帝国主义对中国儿童的教育奴化政策有着紧密的关联。根据日本的《大连市史》记载，这所建于1906年的小学校，在关东州民政署时期，于俄国教会堂（位于露西亚町，今天的胜利桥北）内开学。这是大连历史上的第一所小学，1915年命名为“大连高等小学校”。1918年，小学迁到了伏见台（今欢胜街）新建校舍，并最终改名为“大连伏见台国民学校”。在这所小学就读的，除了当时侵占大连日本人的孩子之外，更多的是中国学生。为了达到从思想上侵略中国、奴化中国人的目的，日本人和后来的日伪政府，想尽办法推广标榜日本军国主义思想和“中国必亡”的教育理念，让其中的不少学生深受其害。不过，非正义的事业终将被淹没在历史的洪流之中，影响了大连教育界整整40年的“国民学校”，最终在新中国成立后被解散，后来，大连实验小学由东北路小学迁入到该校。然而，即使在当年的

巴洛克式的浮雕装饰

标志性的屋顶

"国民小学"，也毕业了不少爱国的知识分子，以马克思主义作为武器，与日寇进行了不屈不挠的斗争，这是当年的日本侵略者怎么样也想象不到的吧。而这些当年的毕业生们，再次回到母校的时候，一定也会感慨良多。

门票信息： 免费。

开放时间： 8：00—17：00。

交通导航： 乘坐7路、11路、27路、30路、201路、501路、526路、529路、534路、710路到二七广场下车。

36

苏军烈士陵园——最大的外籍陵园

1945年苏军进驻旅顺时在原沙俄公墓的基础上修建了苏军烈士陵园，占地48 000平方米，是我国最大的一座外籍陵园。

中苏人民曾在中国这块土地上一起抗击日本法西斯分子，两国也因此结下了深厚的友谊，位于大连市旅顺口区寺沟路的苏军烈士陵园就是中苏友谊的见证。

这里最初是中日甲午战争后沙俄强占旅大时修建的公墓。陵园分东西两部分。西部是原来的沙俄公墓，已有上百年历史。埋葬的俄国人达2万多，其中一部分是日俄战争中阵亡的士兵，另一部分为1898年因疾病、海难等情况死亡的人。东部是在原沙俄公墓的基础上于1945年扩建的，共有墓座1 000多座，安葬着2 000多人，既有军人，也有其家属。墓碑形式多样，有锅炉式、柱式、塔式、卧式、立式等。每一块墓碑上都刻着死者的姓名和出生年月，有的还镶嵌着死者的遗照或精心制作的瓷像，还有的标注着死者生前的职务及兵种。

墓碑

苏军烈士纪念馆

进入墓地，首先看到的是紫色大理石砌成的拱形的正门，门柱上雕刻着象征苏联16个加盟共和国的红旗，并饰以大炮、军舰等铜雕图案。墓地四周有围墙，墙壁上雕以花圈图案。步入墓地，甬道两侧绿树成荫，掩映着碑石、坟墓，并在每个墓碑的顶端饰以坦克、铁锚和飞机的图案。

1955年，苏军撤离旅顺前，又在墓园中央修建了一座烈士纪念塔。纪念塔由塔基、塔身、塔顶三部分组成，塔高15米。第一层塔基为长方形，正面白色雪花石雕座上，镶嵌着一个大的铜铸花环，内铸“1945”。花环后面黑色的石基上，平放着两个巨大的铜铸花圈。塔基南北两端，各铸一尊着陆海军服的苏军战士跪姿铜像，他们脱帽、俯首、持旗、表情庄重，是在向安息于此的烈士们行最高的致敬礼。在塔基的西南、西北两端，又铸一尊青铜火炬。第二层塔基，四个大浮雕，正面是苏军军旗，左面是陆军的枪炮，右面是海军的舰艇，后面是坦克、飞机。第三层塔基用铜板包镶，正面用俄中两国文字铸成：“为苏中两国人民的自由和幸福而光荣牺牲的烈士们永垂不朽！”塔基中央是用白雪花石砌成的十二角形塔身。塔顶有一个铜制的五角星，整座塔华丽壮观，庄严肃穆。

每年2月23日苏军建军节这天，这里都会举行敬献花圈仪式，并祭扫陵园纪念为世界和平牺牲的烈士们。

陵园墓碑

门票信息： 10元。

开放时间： 冬8：00—16：30，夏7：30—17：00。

交通导航： 大连市旅顺口区水师营镇三里桥西，在旅顺城区乘4路公交车可到。

万忠墓——百年前的嘶喊和血腥

万忠墓纪念馆是为纪念1894年中日甲午战争中惨遭日军杀害的近2万名中国同胞而建。提醒着人们牢记历史，勿忘国耻。

万忠墓纪念馆位于大连市旅顺口区九三路23号，属于清代墓地建筑。它是为1894年甲午战争期间被日军无辜残杀的同胞建立的，占地面积2 000平方米。该馆主要分为四部分，分别是：“旅顺万忠墓”“甲午战争前的旅顺口”“甲午战争与旅顺口的陷落”“震惊中外的旅顺惨案”。整个布置真实地反映了中日甲午战争期间，日军侵略者在旅顺制造的惨绝人寰的惨案和它的罪恶行径。

1894年7月25日中日甲午战争爆发，同年11月21日，日军攻破旅顺口，并开始对手无寸铁的人民进行惨无人道的屠杀。一时间，整个旅顺地区阴云密布，老弱妇孺两万多人，无一幸免。之后日军为了消除罪证，又驱使我国死里逃生的同胞组成扛尸队，将尸体进行了集中火化，然后埋在了白玉山东麓。1896年11月，清政府委派直隶候补道员顾元勋接收旅顺，由他出面主持建立了甲午战争遇难同胞墓，并亲书“万忠墓”刻在一块石碑上。墓前建享殿三间，殿堂匾额包以铁板皮，书“万忠墓”三字。自此以后，官民年年祭祀不衰。1905年日俄战争后，日军再次进入旅顺。为了掩盖其罪行，日军便要摧毁万忠墓。在旅顺人民的坚决抵制下，他们只得作罢。而后万忠墓又经两次重修，还在墓前修建了三间硬山式砖砌享殿，门上悬挂“永矢不忘”匾额，并新建了纪念馆和纪念碑。

1994年正逢甲午战争百年祭，旅顺口区决定再次重修万忠墓。4月5日，在万忠墓陵园举行了甲午战争旅顺殉难同胞遗骨重新安葬仪式，殉难同胞骨灰被装进三口大型木棺入殓，并在墓前立一座百年纪念碑，建一座1 000平方米祭祀广场，一座2 000平方米的万忠墓纪念馆，原国务院总理李鹏亲自题写了“万忠墓纪念馆”的馆名。

万忠墓纪念馆

万忠墓

走近万忠墓，百年前的嘶喊和血腥，百年来的思索和沉重，很多老人看着纪念馆中的历史照片，陷入沉思。

门票信息： 15元。

开放时间： 冬8：00—16：30，夏7：30—17：00。

交通导航： 旅顺城区乘1路、4路公交车可到。

世界和平公园——和平与发展的主题

世界和平公园是以“和平”为主题的大型海滨主题公园，是中国唯一世界和平主题公园，是世界级公园，是人类维护和平的象征，是世界文化的胜境。

世界和平公园位于大连市区滨港路888号，占地40万平方米，建筑面积13万平方米。既是一座大型文化主题公园，又是一个美丽的海滨浴场，是大连市著名的旅游胜地。

1998年5月，在美国召开的世界诗人大会，回顾了20世纪人类经历的两次世界大战以及一系列的局部战争带来的惨痛灾难，共同认识到：祈求和平、反对战争，成为人类共同的愿望。会上，由世界诗人大会通过各国驻联合国使团给各成

世界和平公园

园内风景

世界和平花园

员国元首发出邀请函，请求他们在新千年到来之际，为和平题写一首圣诗或箴言。这一活动得到了各国元首的热烈响应，前中国国家军委主席江泽民、前美国总统克林顿等120多位国家元首欣然写诗铸文，歌颂和平、祈祷和平。为了永久纪念这震古烁今的惊世创举，昭示和平的神圣信念，世界诗人大会决定将这些和平圣诗刻在石碑上，供世人永世观瞻。并将这座《百国首脑和平圣诗》的石碑落户在大连旅顺口，以和平为主题，建造一座“世界和平公园”。这座公园是由法国著名设计师德维尔先生主持设计的。其建筑风格中西合璧，具有鲜明的时代特点。整个公园造型为半个地球，主楼、长廊围绕而成轮廓，并按照地球2/3海洋、1/3陆地的比例建成，还用大理石制成地球上的经纬线，横穿于公园地面。主楼造型宛若和平鸽，南北两翼张扬白色拉力帆。主楼内为世界和平公园文化展馆，展有百国赠送的和平艺术品、10万只手工木雕和平鸽组成的百国国旗、千余枚百国和平与战争主题的邮票精品、百国元首和平圣诗真迹、百余个驻华使节签名的和平祈祷文长卷。园内展示百余个国家元首、地区领导人的铜塑像；公园前还建起1 200米的和平大道及直贯山顶的和平圣火纪念塔，联合国前秘书长加利先生亲笔题字的“大连世界和平公园”标志石也坐落于此。

门票信息： 门票50元/人，1.2米以下儿童免费。

开放时间： 8：00—19：30

交通导航： 在旅顺口乘坐18路公交即可到达。

电岩炮台——狙击日军之地

电岩炮台是我国沿海五大炮台之一，修建于清朝末年，原是清军在旅顺口沿岸修筑的13个炮台中的一座。

电岩炮台位于大连市旅顺口区黄金街。它原是清军的海岸炮台，后来逐渐扩建。现在它是一座守护旅顺港口的重要军事工程。电岩炮台东面西端各安装一盏灯径最大、射程最远的探照灯，用于夜间监视旅顺港口的海面。灯光反射到峭壁岩石之上，发出幽幽的光亮，像岩石放电一样，故称“电岩炮台”。

炮台有炮位三座。它的东南和西南分别是小案子山炮台和大案子山炮台，是清军在旅顺西线防御的重点。炮台南面筑有160米长的隐蔽部，水泥结构，有26个窗口，朝北有5个拱形门。炮台背面有4条暗道，西侧暗道长32.5米、宽2.5米、高3.49米。炮台上有备炮若干门。从海上望去，炮台与黄金山连为一体，隐蔽性极好，从外部看不出有炮台的迹象。

1904年2月8日，日俄海上战争爆发，电岩炮台起到了阻击日本海军联合舰队进入旅顺口海域的作用，特别在阻截日本海军3次闭塞旅顺港口的战斗中立下了功劳。日本海军舰队从海上炮击时，炮弹飞到黄金山的南坡上或开阔地里，

炮台

电岩炮台

电岩炮台与黄金山前后高低的地势形成视觉差，致使日军多次争夺仍未攻下，真正成了百发不中的炮台。

电岩炮台上布置的海岸炮在当时是比较先进的，有效射程比较远，达到9 000多米，且5门重炮可同时射击，平均每5分钟可射击一次，俄军炮兵们经过改进，将炮火射程延长到13 000米，5门重炮的发射时间也有很大缩短，约1分钟时间可同时射击一次。炮台官兵还将炮台与炮台之间建成地下长廊，长廊宽1.85米、高2.1米，连接着炮台，便于人员互相支援。为节省炮兵体力，他们还修建6间地下弹药库，每间弹药库长8.5米、宽3.7米、高2.6米，并在阵地上建立了测距指挥所。在日俄战争中，这些火炮在封锁海面，保卫旅顺口军港战斗中给日军以毁灭性打击。

站在电岩炮台上，可以看到在日俄战争中发生重大事件的海区：日海军三次闭塞旅顺口的沉船位置、日俄海战爆发地、沙俄舰队司令马卡洛夫的丧身之处。

门票信息： 15元/人。

开放时间： 07：00—17：00。

交通导航： 可乘坐旅顺13路到黄金山招待所下车，步行前往。

旅顺军港——天下奇观

旅顺军港，是19世纪世界文明的军事要塞，为加强旅顺口海上防务所建。现被作为北海舰队的一处训练基地存在。

旅顺军港地处辽东半岛西南端，黄海北岸。港口门开向东南，西南是巍峨的老铁山，周围环守。旅顺港形势险要，天然形胜被誉为“天下奇观”。我们所指的旅顺口、狮子口，就是由两山对峙而成的出海口。300米的出海口只有一条91米的航道，每次只能通过一艘大型军舰，在战略上是易守难攻。旅顺军港近似一个封闭海湾港口，可谓是“一夫当关，万夫莫开”。其实旅顺军港的险要之处全存于航道两侧的山上，那里隐蔽着许多火力机关，交叉成网，互相支援，敌舰很难靠近。所以无论是甲午战争还是日俄战争，日军都没有从海上攻进旅顺。有军事家形容说：“旅顺一口，天然形胜，即有千军万马，断不能破。”

旅顺军港始建清代。早在明代旅顺就设有水师营，由此出海巡哨。随着帝国主义不断侵入黄渤沿海，1881年，北洋大臣李鸿章出于巩固北方海防的考虑，选址旅顺作为北洋海军根据地，说：“旅顺口居北洋要隘，京畿门户”“盖咽喉要地，势在必争”“为奉直两省海防之关键”。1882年9月，李鸿章委派修补道员袁保龄担任要务，在旅顺征民大扩航道，疏浚港湾、填海、建港池、筑炮台。到1890年9月，旅顺船坞全部竣工，同时，在旅顺港沿岸用从山东长岛运来的紫色花岗岩石条修建了防浪堤，现海岸防浪堤即当时所修的雏形。防浪堤上用铸铁和花岗岩巩固桥栏。军港公园是那时修筑的防浪堤一部分，被称为“坝沿”。至1894年中日甲午战争，清政府在旅顺只经营了16年，随后的几十年由日俄分别侵占，日俄战争结束后，“坝沿”成为贩卖海产品的渔码头，热闹非凡。

港口

旅顺军港

1945年8月22日，苏军进驻旅顺后，从旅顺火车站终点延伸到黄河路南侧，再至旅顺船坞修建了一条单轨铁路，并在铁路边经过坝沿处建仓库一座，还在附近的海岸桥下入海口处架设了木桥，并铺设了铁轨。1955年，苏联红军撤离旅顺时仓库移交给中国人民解放军旅顺驻军的后勤部管理，作为贮存水泥之用。1955年4月15日，中苏举行旅顺军港交接仪式，从4月16日起旅顺军港的防务由中华人民共和国掌管，后来它成为北海舰队的训练基地。

门票信息：10元。

开放时间：淡季：8：00—16：00，旺季6：00—18：30。

交通导航：旅顺城内乘2路、3路、5路公交车可到。

牧羊城遗址——古代海防城堡

牧羊城，又称“木羊城”，自秦汉以来就是我国北方海上交通要道和海防战略要地，在城的周围分布着大量汉代贝墓、砖墓，以及居室遗址。

牧羊城遗址位于旅顺口区铁山镇刁家村和于家村之间的丘陵地带，今仅剩下城基的残迹。据《奉天通志》记载：“牧羊城，城西南一百五十里，周围二百五十步，门一”。经实地勘察，城池呈长方形，东西宽约82米、南北长约133米，周长430米。与文献记载的“二百五十步”（当时每步为五尺），基本

牧羊城遗址

相符，北壁有一个宽约12米的缺口，当为城门所在。城基系用石头砌成，城墙则系用土夯筑。城内出土遗物种类较多。最下层出土的有新石器时代的陶器、石器等。有战国时代的文物，诸如明刀钱、一化钱、明字圆钱、铸铜斧范、铜镦等。汉代的文物有铜带钩、铁刀、铁镢、铜镞、板瓦，及“武库中丞”封泥（火漆印，用于保密性质的信件）、“河阳令印”等。城附近分布有大量汉代贝墓和砖墓。在城南的大坞崖发现有汉代水井、铁镢和战国时代的墓葬等。

从出土的文物看，这里在新石器时代就是居民的聚居地，城系战国后期的建筑，而到汉代处于繁荣时期。从城的规模和形式看，这当属一座海防城，城西距海湾羊头洼并不很远。当时羊头洼是沟通辽东半岛和山东半岛的一个重要港口。牧羊城临山构筑，居高临下，既不受水患之害，又得易守难攻之地势，且水陆交通亦很方便。这便是牧羊城所以成为古代居民聚居地和重要海防城堡的原因。

关于牧羊城的发展历史，正如遗址文物留下的“证物”一样。旅顺口进入国家统辖的地方行政区划始于战国时期，自秦、汉以来的2 000多年时间，这里一直是我国北方海上交通要道和海防战略要地。公元前300年，七雄之一的燕国，遣名将秦开率兵击退东胡，把中原王朝的疆域推进到今辽宁省及朝鲜半岛的西北部。在公元前283年—前279年，设上谷、渔阳、右北平、辽西、辽东五郡。这时，旅顺口属辽东郡的辖区。公元前221年秦始皇统一六国，设三十六郡。秦袭燕制，辽东半岛南端仍属辽东郡，建治所襄平（今辽阳）。公元前140年，汉武帝时派船东来，曾停泊于老铁山下，开辟了从山东半岛通往朝鲜的航线。当时旅顺口是海上必经的中途港口，随着海上交通的发展，从山东、河北等地移来辽东半岛从事垦拓的汉人越来越多。因此，在汉开国百年之后，旅顺口一带便成为人烟比较稠密、经济和文化比较发达的地区。

门票信息：免费。

开放时间：全天。

交通导航：旅顺城内乘2路、3路、5路公交车可到。

203高地——日俄战争主战场之一

203高地是一座军事重地，同时也是日俄战争旅顺陆战中西部战线争夺最激烈和最残酷的主战场之一。

203高地位于大连市旅顺口区的丘陵地区，以其海拔203米得名。日俄战争中它是西线制高点，距市区和港口要塞较近，是日俄双方争夺的重要阵地。1897年12月，俄国强行租借旅顺，并在此建立了俄国海军太平洋舰队司令部，修建了大批坚固的水泥工事，配备了大量的火炮和机关枪，整个旅顺俨然成为一座固若金汤的堡垒。而这座堡垒的制高点就是203高地。1904年2月，日俄战争爆发。按照日军的战略部署，攻占旅顺是整个军事行动的重中之重。时至8月，日俄海军在黄海两度进行海战，俄国海军连连战败。而日军则欲趁热打铁，一举夺取旅顺。于是，乃木希典（日军统帅）指挥第三军向旅顺发起了总攻。8月16日，日军要求俄国守军投降，被拒绝。19日，日军向203高地的进攻拉开了旅顺攻坚战的序幕。面对一轮紧接着一轮日军敢死队的进攻，俄军凭借多年修筑的防御工事，寸步不让。仅一周的进攻中，日军伤亡数达到2.79万人，约占第三军总兵力的1/3，乃木希典的两个儿子都阵亡在阵地前。而俄军的伤亡也达3 500多人。又经过数日激战，双方僵持在203高地前沿阵地。10月30日，日军再度动用重炮进行强攻，炮击使俄军工事损坏严重。11月26日夜，日军发动了第三次强攻。27日晚，日军集中全部力量进攻203高地。战斗进行得异常激烈，山坡上尽是倒在大炮、机枪、步枪和手榴弹火力下的日本兵，而更多的人则踏着尸体和伤兵不停歇地冲锋。直到12月5日，日军才占领了203高地。接着，日军步步为营，攻克了一系列俄军要塞，占领了越来越多的旅顺市区。日俄战争是20世纪初日本与俄国争夺对朝鲜与中国东北控制权的一场帝国主义战争。这场混战因旅顺战役的惨烈程度空前而成为名副其实的恶战，而它的惨烈又是在203高地争夺战中表现出来的。

门票信息： 30元。

开放时间： 8：00—18：00。

交通导航： 在中心广场站坐5路到石板桥终点站下车即到。

俄清银行旧址——经济掠夺的桥头

俄清银行是沙俄统治旅大时期唯一的一家官办银行，它从属于俄清银行上海分行，主要处理国库金融事务。

来到今旅顺口区万乐街33号，首先映入眼帘的是一棵两人合抱粗的大树。不要小看了这棵树，它可是黎巴嫩的国树——雪松。当然，咱们今天不是来看它的。继续向前走，才是将要参观的目的地——俄清银行旧址。

这是一座近代俄罗斯风格的建筑，建于1902年，建筑面积1564平方米。外观方方正正，小巧玲珑；内院有天井，类似于教堂；建筑结构坚固，风韵华美。小楼的底下是宽敞的地下室。楼北一米外有一片地下室顶盖，裸露地表，清晰可见。厚厚的水泥圆拱顶下，曾隐藏着一段秘密。在沙俄统治时期，这座小楼是俄清银行旅顺分行。俄清银行原来并不在这里，1902年，当地处太阳沟的这座欧式二层小楼建成后，才搬到这里。

俄清银行旧址标识牌

俄清银行旧址

说到俄清银行，就不得不说一下它的历史了。俄清银行是大连地区最早的金融机构，在列强占领中国时期，这间银行也充当了经济掠夺的桥头。1898年，刚刚在旅顺口驻扎下来的沙俄侵略者拆掉了李鸿章时代的老市街，在此基础上建设欧式新市街。大规模兴建土木必然少不了银行的支持，于是，当时大连地区的第一家银行——俄清银行就这样应运而生了。然而就在沙俄野心勃勃地扩展银行业准备长久霸占时，日俄战争爆发，俄国战败，银行随即落入日军手中。1915年11月26日，日本关东都督府在该楼设立了“物产陈列所”，内有图书及多种文物。“物产陈列所”1929年改为千岁俱乐部，增设放映室，成为侵华日军寻欢作乐的场所。到1945年，苏军进入后，这座楼再次更换它的“主人”。直到1955年4月，俄清银行才移交中国驻军使用，时至今日，所有权一直归军方所有。

门票信息：10元。

开放时间：全天。

交通导航：乘坐408或909路在市政府站下车，步行前往。

清代南子弹库——“海上”军火库

清代南子弹库为清军的弹药库，是一座半地穴式弹药库，也是我国至今唯一保存比较完整的一座清代堡垒。

清朝末年，历经两次鸦片战争的冲击，清政府的部分官员开始领教到“西洋”坚船利炮的厉害，洋务运动开始兴起。清政府也在北洋大臣李鸿章的力主下，开始着手在旅顺修建军港，以增强我国的海上防卫能力。

清代南子弹库外景

清代南子弹库

南子弹库仓库

旅顺是举世闻名的不冻港，是京津海上门户和东北的天然屏障。为了充分发挥其屏障作用，清政府在陆地和海岸线上修了许多炮台，并配备了多处弹药库。南子弹库就是其中的主要一座。它建于1884年，是德国人汉纳根设计的，因位于黄金山南部浴场和模珠礁间突出的海角上，故称南子弹库。

南子弹库从正面看，是一个门窗俱全、酷似民宅的四合院。库房为花岗岩拱形建筑。库内建有通道、支道、暗道，占地面积1万多平方米，可存放十数种弹药、为整个旅顺海岸炮台及北洋水师提供弹药保障。弹药库分为主库区和东西两库，冬暖夏凉。正门刻有“南子弹库”“虎踞”“龙盘”的牌匾，据说是清朝大臣李鸿章亲笔所书。从海上看它与周围的山峦，横看成岭侧看成峰，浑然一体。这也是南子弹库在经历了甲午战争、日俄战争的洗礼后至今保存完好的原因。

进入库区，左侧古炮是道光年制造的，在当时是比较先进的。左侧库区展示的是甲午战争、日俄战争、解放战争各种炮弹实物；通道两侧珍贵历史照片揭示了甲午战争的实况。站在观海平台上可以看到波涛汹涌的黄海，正前方200米处是日俄战争时期沙俄名将马卡洛夫葬身之地。右侧炮阵地的180火炮是苏联红军驻守旅顺时留下的，曾用于斯大林格勒保卫战，是当今世界仅存的四门。

南子弹库建好后，中日甲午战争随即爆发。1894年11月，日军攻占旅顺，该库沦为日军的弹药库。三国“干涉还辽”，日军撤出旅顺。1898年3月，沙俄强行租借旅大，至1904年2月发生日俄战争，该库是沙俄抗击日军进攻的弹药库和兵营宿舍。沙俄战败，日军于1905年1月又一次占领了旅顺，该库便成为日军侵华的弹药供应地。1945年8月日军投降，苏军进驻旅顺，南子弹库作为苏军岸防部队指挥所和指挥分队住所。1955年5月苏军撤走，我旅顺海军岸防部队接管。

门票信息： 10元。

开放时间： 8：00—17：00。

交通导航： 公交1路、3路、6路等可达。

第3章

在知识之馆中寻觅

现代博物馆——大连的文化史诗

推荐星级：★★★★★

大连现代博物馆坐落于星海广场西侧，是大连市政府建设的大型公益性博物馆。博物馆大体分为“城市风貌”“腾飞的经济”“浪漫之都”和“世纪回眸”四个主题，展现了大连社会事业和城市建设发展的各方面成就。

1904年2月，意图侵占、争夺中国东北的日俄战争爆发。5月，日军占领了大连港。大连对日本当时的战略来说占有重要的地位。在那之后，日本殖民

设计新颖的现代博物馆

统治者开始了对大连劳工的残酷剥削和血腥压迫，大连港的劳工们不知遭受了多少人间的苦楚。工人们拼死拼活干了一年，年底有时竟出现“五月看看，八月算算，年底倒欠”的状况。“多少苦，多少愁，工人苦字头碰头，巴掌镐把不离手，一生断筋折骨头，死后一张破席头”。根据1909之后10年的统计，大连仅码头工人，因工作原因死亡的就有1 372人。日本殖民统治者在大连民众的反抗下，为了清除工人的激烈情绪，试图用宗教迷信麻醉工人。1919年，日本人以“慈善”为名，在碧山庄华工宿舍附近修建了所谓“普度众生”的天德寺和万灵塔。《碧山庄》一书中说：“万灵塔塔基石高六尺八寸，塔高二丈一尺。”普度众人的菩萨在这里却由魔鬼操纵，和尚道士们的念文诵经也成了为日本人洗脱恶性的罪声。后来这个地方经过发掘，才发现，原来万灵塔下的地穴，竟然全是死难工人的尸体。

想了解大连近现代的历史，可以到大连的现代博物馆看一看，当年天德寺的铁钟就在这里，向游人叙述着大连不堪回首的被殖民历史。这里还有日本的纺纱机、日本陆军礼服、沙俄海军舰炮，同样带给人沉重感。然而，除了展现历史，这里更多展示了大连进步和现代化的一面。大连现代博物馆的展馆中，“城市风貌”馆里，有“滨城建筑”“老大连”等主题，也有介绍大连与各个友好城市交流的“友好往来”，展示了海内外宾客朋友赠送大连的700多件珍贵礼品，其中有镶嵌365颗宝石的印度金丝挂毯，还有表现大连现代化城市交通建设的“便利的交通”、最能展现大连特色的“女骑警”……大连的历史和现代化进程在大连现代博物馆的展馆中，被有机地串联到一起。这里有百年沧桑、人文历史、城市风情，各馆共有近现代文物万余件，展出3 000多件实物。另外，该馆还是中国第一个以“现代”冠名的创新性、综合性博物馆呢。

门票信息：免费。

开放时间：每周二至周日9：00—16：30，16：00停止入馆。每周一闭馆（国家法定节假日除外），除夕日闭馆。

交通导航：乘16路、18路、22路、23路、28路、202路、542路、801路、901路公交车，会展中心站下车。

推荐星级：★★★★★

自然博物馆——到东北的森林探险

大连自然博物馆新馆，坐落于星海公园西侧，地处秀丽的黑石礁海滨。自然博物馆拥有27万平方米海域，这在全国的博物馆中是独一无二的，在这里参观的观众，就仿佛走进了东北的原始森林，遨游在深不见底的海底世界。

大连自然博物馆拥有标本20余万件，其中不乏国宝级标本，包括重达66.7吨的黑露脊鲸标本，鹦鹉嘴龙化石标本，被埋藏1 000余年仍能发芽开花的古莲子等，这些不仅在国内独一无二，在亚洲甚至世界范围内都属罕见。馆内现开设地球、海洋生物、森林动物、恐龙、湿地、物种多样性、海洋无脊椎、辽西古生物化石等12个展厅。

这个充满学术研究和人文精神的博物馆，也有着一段与殖民有关的历史。

1907年日本侵占东北后，日本“南满洲铁道株式会社”创办了所谓的“地质调查所”，这就是现在自然博物馆的前身。为中国研究地质、造福中国大众，很显然，日本人没有这样的好心。日本人对于中国地质的研究，是为了更好地侵略中国、掠夺中国的资源。1923年，“调查所”对东北各地标本大量搜集，成立了陈列室，展出日本人在东北发现的许多珍贵标本。不过，就算是日本人，也不一定能够参观这个陈列室，因为陈列室只对少数的日本上层人物开放。1928年，又经过5年的大肆搜集，“地质调查所”的馆藏更加丰富，并改名为“满蒙资源馆”，除了各种资源标本，还加入了东北和蒙古等地的民俗内容、资料。一心想永久霸占东北的日本人，不仅要在教育上使中国人做亡国奴，连文化、民俗方面也一丝不放松。不过，这一切打算都在二战结束后付诸流水。1945年，日本投降，“满蒙资源馆”易名为“东北地方志博物馆”，由长春铁路公司接管，并委托苏联地质专家叶果洛夫担任馆长。1959年，在抗战14周年纪念日当天，博物馆正式定名为“大连自然博物馆”，并请中科院院长郭沫若为此馆题名。这里从此成了普及科学知识的文化阵地。

自然博物馆远景

博物馆旧址的建筑，原是1898年俄国统治时期修建的市政厅大楼，它也是一幢有着浓郁俄罗斯风情的建筑，被列为国家重点保护文物。现在的新馆，展示面积1万余平方米，近些年，馆内标本的种类不断丰富。那些海洋巨兽，庞大的体积让人震惊；非洲广袤的丛林，一幕幕精彩的“戏剧”正被搬到博物馆中上演；东北的针叶林、针叶阔叶混交林、阔叶林，都有哪些值得探索的动植物……这些，都等着游客来体验。

门票：免费开放。

时间：每周二至周日9：00—16：30（15：30停止发票），周一闭馆（法定假日除外）。

交通导航：乘坐801路、523路公交车在博物馆终点站下；乘坐23路、28路、202路、406路、901路公交车在黑石礁站下车南行。

汉墓博物馆——汉代文明之光

汉墓博物馆是中国第一座汉代墓葬群遗址博物馆，以展示大连地区两汉墓葬为主体，通过汉墓原址及其出土文物展示汉代大连地区的历史概貌。

大连汉墓博物馆位于甘井子区营城子街道沙岗村，占地面积4 600余平方米，建筑面积2 600平方米，内设遗址展示、文物陈列、临时展览等。基本陈列为“汉风古韵——大连汉代墓葬文化”，以大连汉墓为主体，在主要展示历时七年的营城子两汉墓葬发掘成果的基础上，通过遗址复原及墓中出土文物的展示，揭示两汉时期大连地区政治、经济、文化发展的特征，以及汉代大连地区同周边各地区的紧密联系。

作为中国第一座汉代墓葬群遗址博物馆，大连汉墓博物馆的独特之处在于，其完全在原墓葬群遗址的中心区域修建。这座于1999年发现的贝砖木椁墓是夫妻合葬墓，面积约25平方米，出土了30多件陶器和铜器，是迄今为止营城子地区发现的同类墓葬中面积最大、出土文物最多的一座。

汉墓博物馆

出土文物

自战国时期的燕国开始，大连地区正式由中原政权管辖。但由于特殊的地理位置，直到汉代以前，大连地区仍主要为东北少数民族（貊族人）居住，其文化遗存呈现出明显的地域特征。遗址发现表明，汉代以前大连地区流行石筑墓葬。从分布上看，多以墓群为主，反映了氏族公共墓地的性质；在葬俗上，实行火葬。随着汉政权对大连地区的有效管辖及汉文化的广泛输入，石筑墓葬逐渐消失。

汉墓博物馆内全面展示了汉代不同历史时期大连地区的贝墓、贝砖墓、砖室墓等墓葬形式。汉墓博物馆的建成，不仅是对大连历史文化的一次检阅和肯定，也是为祖国优秀的华夏文明的发扬光大做出了贡献；不仅对宣传大连地区悠久的历史文化、探索城市根源具有重要意义，而且对研究中国东北边疆史具有重要政治意义。同时，对推动大连文化事业大繁荣、大发展和历史文化名城建设以及振兴东北老工业基地都具有积极的现实意义。

想要了解大连的历史，或是中国古代社会的发展史吗？这里会是您不错的选择。大连汉墓博物馆每周末会定期开放，欢迎游客的到来。

门票信息：免费。

开放时间：每周五、周六、周日上午9：30—15：30。

交通导航：从大连火车站站北广场乘坐建设街-大黑石或者站北广场-旅顺北路-旅顺的公交车在沙岗子村站下即可。

城堡贝壳博物馆——亚洲之最

矗立于星海广场一角的城堡贝壳博物馆，是亚洲展品最多的贝壳博物馆。城堡博物馆的得名是因为它的造型，像极了故事里的童话城堡。来到贝壳博物馆，虽然没有童话故事，但游客可以流连在一个个贝壳的故事里。

来到贝壳馆，就像走进神话传说中的宫殿，各种色彩斑斓的贝壳琳琅满目，令人眼花缭乱、目不暇接。这里有世界上最大的贝类，传说可以食人的巨大贝壳——砗磲；高达0.5米的大海胆；有比米粒还小的贝壳——河贝，小到必须用放大镜才能欣赏；还有仅一条腿就有3.5米长的大王乌贼；有世界上最稀有最珍贵的翁戎螺——每个价值数十万人民币。

来到城堡贝壳博物馆，如果导游或工作人员在介绍，游客们一定要凑过去听听，不要错过了，每个大的、中的、小的贝壳，这里的每一个贝壳都有一个不平凡的地方和一段奇特的故事。这里展示有世界各地海域和河里的5 000多种贝壳，不但展示，还研究贝壳的外形、自然属性、社会属性、历史价值和文化内涵。

馆内的贝壳雕塑

城堡造型的博物馆

关于贝壳，自古以来，在各国的渔夫和水手们中间，流传着可怕的海中巨怪的故事。在传说中，对于海怪的描述往往体形巨大，形状怪异，甚至长着七个或九个头。19世纪之后，随着现代动物学的发展，荒诞的海怪传说渐渐消失。然而， 1861年，法国军舰“阿力顿号”从西班牙的加地斯开往腾纳立夫岛途中，遇到一只五六米长，长着两米长触手的海上怪物。在追捕失败后，渔叉上留下了一块13.6千克的肉，好像是鱼尾部的肌肉；1978年，加拿大纽芬兰的几个渔民在海滩上发现了因退潮而搁浅的巨大海洋动物，据渔民们说，它身长将近10米，触角上的吸盘直径达10厘米，眼睛大约有人的脸盘那么大。类似的知名报道仍然不胜枚举，有人疑问了，难道真有巨型海怪的存在？博物馆在这里一一为您揭开事实的真相。

在博物馆里面无论是身长14米的巨大砗磲，还是大王乌贼、蜘蛛蟹，游人都可以在此看到。还好，是在博物馆，如果在海上乍看到翼展9米，从航船和海员头顶滑翔飞过的蝠鲼鱼，大约所有人心里都会恐惧无比吧？无论是来自摩洛哥、马来西亚、斐济还是新西兰、阿根廷、西班牙、菲律宾，五大洲四大洋的贝类，游人都能够见到，那些美丽的色彩和光泽，丝毫不逊色于玛瑙、红宝石和碧玺，一定会让您大饱眼福。

门票：30元。

开放时间：9：00—16：30。

交通导航：乘坐23路、202路轻轨电车，16路、406路、711路、801路等公交车可以到达。

64

大连艺术展览馆——哥特建筑之美

大连艺术展览馆位于胜利街35号，1997年开始对外开放，是大连第一家专业艺术展览馆。博物馆所在的建筑是东北近代欧式建筑的代表作。1995年的国际建筑展中，该哥特式建筑作为经典代表建筑在会上展出。

大连艺术展览馆现在是大连的著名景观之一。展览馆外观呈暗红色，整体建筑成不对称模式。此馆装饰华丽典雅，设施齐全，是举办艺术展览、各类展会、文化交流活动的主流选择。1999年，这里举办了中国书画展，紧随其后的瓷器展、玉器展、民间收藏展，石雕、木雕展等层出不穷。不仅如此，大连市百年庆典礼品展等各门类艺术展览、展销，也将地点选择在这里。它还承办过一些具有国际影响力的展览，如“日本现代工艺展”“意大利印象派版画”展览等。

艺术展览馆这幢建筑，有着浓郁的西欧哥特式民俗建筑风格，最早由德国人设计，俄国人出资建造。1902年建成之后，这里被用作东清轮船会社办公地。

东清轮船会社的前身是俄国在中国设立的中东铁路轮船公司，主要经营“中国东清铁路”和海上运输。东清铁路，是清朝末期沙俄修筑的一条很长的铁路，从俄国境内穿出，途径中国满洲里、哈尔滨、绥芬河到达符拉迪沃斯托克（海参崴），全长1 480多千米，是沙俄为控制远东而在中国修建的铁路。日俄战争后，日本占领大连，东清轮船会社旧址成为大连民政署办公地，之后又先后改为俱乐部和图书馆。大连从日本人手中夺回后，它作为东北资源馆的一部分，归政府管辖，后来由铁路部门接管，成为大连铁路局工人家属宿舍。长时间作为民宅，楼里的结构陈设已经陈旧不堪。1996年，为保护历史建筑，大连市政府特意拨专款490万元重修此建筑，并改为大连艺术展览馆。

展览馆外景

在日本，有一座同大连艺术展览馆类似的建筑，被称为姊妹楼。据说，当年大连市长在日本北九州考察期间，发现当地有一幢同展览馆形状极其相似的建筑，就询问了当地的学者。原来，那座楼正是按照原先俄国人在大连的“东清轮船会社”设计图纸建造的。至于为什么日本要造一座一模一样的楼，这个就不得而知了。

大连艺术展览馆开馆十多年来，先后有日本、韩国、以色列、土耳其、德国、法国、美国等10余个国家的官方机构或个人在大连艺术展览馆举办展览。据许多艺术家说，当时他们就是被这座建筑的外表所吸引，想着一定要来办一场展览满足心愿。

门票：根据展览内容而定。

开放时间：9：00—16：30（周六、周日不休息）。

交通导航：可乘坐40路、414路、613路、702路在民主广场站下；或乘坐707路、712路也可到达。

旅顺博物馆——世界级文化盛宴

推荐星级：★★★★★

位于旅顺口区列宁街的旅顺博物馆，是历史艺术性的博物馆，现有藏品6万余件，以大连文物、中外传世文物为主体，共分为20多个门类。旅顺博物馆建筑有近百年历史，是国家重点文物保护单位。

大连旅顺博物馆大体分为两部分："历史文物专题陈列"和"大连地方历史文物陈列"。"历史文物专题陈列"主要展示青铜器、漆器、珐琅、陶瓷、书法绘画、佛教艺术等古代器物，其中最有名的当属青铜器吕鼎。吕鼎是西周时期的青铜器，底部有铭文44字，叙述了西周穆王时期的历史，颇具考古价值。"大连地方历史文物陈列"展出了大连地区自新石器时代至清代各朝的历史文物。

旅顺博物馆前身是日本殖民统治时期，建于1915年的"满蒙物产陈列所"。1916年，"物产陈列所"改为"关东都督府满蒙物产馆"，并于第二年对外开放。无论叫"物产陈列所"，还是叫"关东都督府满蒙物产馆"，自然都是日本人侵略中国的方式之一。日本学者努力了解中国的地理、物产，以

旅顺博物馆外观

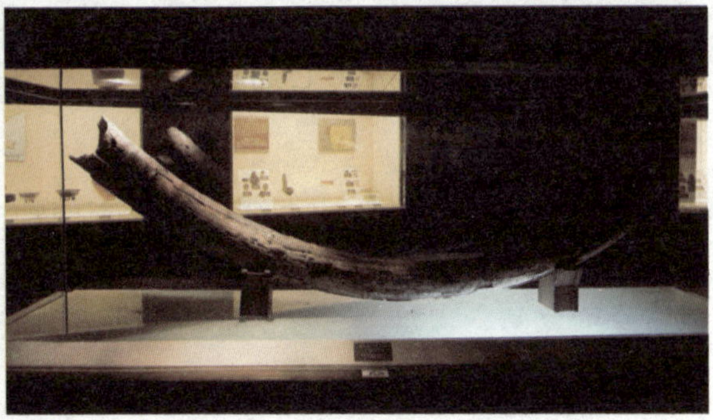

馆内藏品

旅顺博物馆外观

便于更好地为日军提供必需的各种支持。1919年，又改馆名为“关东厅博物馆”。

新中国成立后，大连市政府接收了博物馆，并定馆名为“旅顺博物馆”，郭沫若应邀为博物馆题名。“文革”时，博物馆被迫关闭。1999年，博物馆主建筑全面修复，以焕然一新的面貌展现在大连人和游客的面前。

这座享有国际声誉的历史艺术博物馆，展示的内容有："关东军用品及图片展"展馆，专门用来展示当时日本关东军有关的各种资料。在基础陈列展览的同时，坚持引进、推出各种类型的专题展览，曾九次举办出国文物展，逐步扩大其在国际上的知名度和影响力。"大连出土文物展""兵器发展史""国际礼品展""历代艺术展""齐白石画展""徐悲鸿画展""美帝侵华罪行展"等，受到国际友人和归国华人等的高度赞誉。

门票：免费。

开放时间：9：00—16：00（周一闭馆，重大节假日除外）。

交通导航：区内公交1路、3路、6路等可直接到达。

中华武馆——领略武术精髓

大连中华武馆位于金石路，毗邻影视艺术中心和鲁迅美术学院，颇有传统文化的气息。中华武馆为四层仿古建筑，青砖绿瓦的威严气派，颇似北京的“太和殿”。

想了解中国武术的精髓，游客可以到大连的中华武馆看一看。

走进中华武馆，最引人注目的就是关羽坐于马上的雄姿。关公手上的青龙偃月刀，可是根据真刀作为模本的呢。青龙偃月刀，又名“冷艳锯”，刀长九尺五寸，重82斤，刀身有两条青龙，而龙嘴前还有明月，称“蟠龙吞月”。仿制的大刀极其逼真，并且增加了分量。类似青龙偃月刀之类的宝贝，中华武馆里举不胜举。

武馆中的精彩表演

武童雕塑

和仿制的传世名刀不同，中华武馆里那些武师们表演的可都是真功夫。武当太极、形意拳、金刚指、脚踩钉板、口叼金沙、三枪抬佛、针穿玻璃、童子功等这些种类繁多的武术与舞台艺术、舞美等完美结合，给前来的游人带来耳目一新的感受。尤其是武馆招牌“武魂神韵”的表演，更是武馆一绝，在全国绝无仅有。

现在的中华武馆，不仅以其精美的建筑、珍贵的文物、精湛的表演获得了观众们广泛的认可，更成为中外旅游界、武术界的胜地。韩国、日本、美国、德国，先后有30多个国家的各种官方民间团体来这里考察访问，此地俨然已经成为展示中华武术、中国传统文化在大连的一个重要窗口。

门票：20元/人，不含表演；70元/人，含“武魂神韵”表演。

开放时间：8：30—16：30。

交通导航：大连火车站后身建设街（6：00—18：00）每隔20分钟有中巴公共汽车直达，票价10元。

日俄监狱旧址博物馆——旁观者说

推荐星级：★★★

旅顺日俄监狱旧址博物馆位于大连市旅顺口区向阳街139号。博物馆馆藏文物2 000余件，包括碑刻、铁器、铜器、绘画等，其中大部分是大连地区近代文物和日俄的侵华物证，反映了甲午、日俄两次战争及之后旅大地区近半个世纪的殖民历史。

来到日俄监狱旧址博物馆，同来到南京大屠杀纪念馆一样，令人感到心情沉重，久久不能平静。

这座监狱1902年由俄国人始建，日俄战争期间曾被用作沙俄马队兵营和野战医院。日俄战争之后，日本人在原来监狱的基础上，进行了大规模的扩建，

博物馆主楼

博物馆主楼

酷刑室

可怖的尸桶

增加了数倍牢房，还增设了窑厂和工厂等，强迫犯人生产日本侵略中国所需要的日用品和军需品，监狱四周有着周长700多米、高4米的红砖围墙，上面架设电网和巡查的角楼。监狱最多可关押2 000多人，被关押的不止是中国人，还有反对日本侵略的日本、朝鲜、俄国等国的正义人士。

被朝鲜和韩国分别称为“爱国烈士”和“义士”的安重根，是朝鲜近代著名的独立运动家。他一生贡献给了朝鲜的独立事业，曾经击毙过日本的伊藤博文。提到伊藤博文，很多人马上会联想到甲午中日战争，不错，他就是力主派兵侵略中国并最后同李鸿章签订《马关条约》的日本首相。安重根就曾被羁押在这个监狱，并最后被施行绞刑。日俄监狱的东北角就是绞刑的秘密进行场所。除了绞刑室外，监狱内还有检身室、刑讯室、酷刑室等，用各种办法折磨坚贞不屈的仁人志士。

当时被关押的有位叫张洛书的山东人，也是中共大连地方组织的早期领导人。1923年，他经王烬美介绍加入中国共产主义青年团，之后积极参加革命活动，于1927年加入中国共产党。“九一八”事变后，中共满洲省委派张洛书担任中共大连市委书记。此时，他开办了书房，并通过各种渠道，向进步的青年工人宣传爱国主义，并从中吸收先进分子，发展成为党员。1933年，张洛书不幸被捕，被关押在旅顺监狱。有一次，张洛书听闻日本看守侮辱中国犯人的恶行，义愤填膺，不顾正在发作的肺病，趁夜潜伏，并痛打那名日本看守。事后，他遭到了残酷的报复，但他对难友们说："青年应有爱国意志，就是死了亦是有价值的，入狱亦是光荣的，但如果为私人入狱是可耻的。你们应当起来抗日救国，才不愧为中国人。"他的这种大无畏的信念支持和鼓舞了他的难友们。在他的号召下，大家共同与日本侵略者进行牢狱中的斗争。1943年张洛书出狱，1946年病逝于大连。

旅顺日俄监狱，这座由两个帝国主义国家在第三国先后建造的监狱，是帝国主义侵华和反人类的历史铁证，其野蛮和残忍程度在世界上是罕见的。尤其是刑讯室，是对被关押者进行肉体惩罚的地方。人被带到这里，先被剥光了衣服，然后捆绑在吊杠上或者是呈"大"字形的刑具上，惨遭毒打。在这里主要的酷刑就是"笞刑"。这种产生于中世纪的刑罚，在当时日本国内早已废止，而在旅顺监狱这种野蛮的肉体刑法却被作为惩罚中国人最常用的一种手段，肆意使用。所谓的"笞刑"就是用中间夹有铅条的竹片，外面裹着丝麻线，对受刑者进行暴打。在殖民当局颁布的《关东州罚金及笞刑处分令》中，我们就清楚地看到他们明文规定，这种刑罚只对狱中关押的中国人施行，对其他国籍的被关押者是严格禁止的。

现在，保存完好的监狱，已经改为博物馆。它是"全国爱国主义教育示范基地"。博物馆通过对暗牢、安重根牢房、刑讯室、戒护系、教诲室、看守台、绞刑室以及墓地复原的展示，一件件物证，用铁的事实提醒每个参观的人：不忘历史，才有资格展望未来。

暗牢

可怖的尸桶

门票：免费。

开放时间：每周二至周日9：00—15：30 周一闭馆（国家法定节假日除外）。

交通导航：从大连市内乘坐大连至旅顺（南路）或大连至旅顺（北路）长途（约1小时）客车，进入旅顺口区后，再乘列宁街至元宝坊（3路、7路）区内公交车，于元宝坊站点下车，即到旅顺日俄监狱旧址博物馆。

76

旅顺海军兵器馆——显示我国军威

旅顺海军兵器馆位于大连市旅顺口区白玉山顶，建于1988年7月，原为日俄战争后日本殖民者修建的“白玉神社纳骨祠”，现为辽宁省国防教育基地，大连市爱国主义教育基地。

旅顺海军兵器馆位于大连市旅顺口区白玉山路，建于1988年7月。原中共中央政治局常委、中央军委副主席刘华清同志为它亲笔题写了“旅顺海军兵器馆”七个大字的馆名。

海军兵器馆所在地以前曾是日俄战争后期日本人修建的“白玉神社纳骨祠”，落成于1907年3月，其地下室用于存放日军在旅顺战争中战死者的骨灰。抗战胜利后骨祠被拆除，改建成海军兵器馆，集中展示我国自行设计制造的海军武器装备，显示我国军威。

全馆分室内和室外两部分，展出各种世界名枪、中国海军历代军服、深水炸弹、舰艇模型、鱼雷和水雷等。包括我国自行设计建造的海军直升机、海鹰岸舰导弹、对海雷达、陆战坦克、鱼雷快艇、岸炮、红旗地空导弹、战斗机、舰炮、高炮等大型展品。另外，还有毛泽东主席于1953年2月视察海军南昌舰时使用过的桌椅，以及“为了反对帝国主义的侵略，我们一定要建立强大的海军”的题词。

1995年5月，新增旅顺海军历史馆，展出面积1 000多平方米，分4个展厅，主要展出大型珍贵历史照片、资料和实物。主要展示中苏关于旅顺口驻防交接及旅顺海军部队组建、发展及执行重大任务的事迹；反映“中日甲午战争”和“日俄战争”的近代历史概况；再现旅顺军事重镇被外国列强侵占的沧桑史；海军共产主义战士安业民的生平事迹照片、实物、烈士铜像；展现党和国家、中央军委领导视察旅顺部队，关怀海军建设及友好国家元首、军事代表团访问旅顺海军部队的珍贵照片等。

站在馆内的停机坪和古长城式的烽火台上，不但可以看到世界著名的旅顺军港和方圆几十公里的自然风光，还可以通过高倍望远镜观察“敌情”。它是中华民族海上长城的缩影。

旅顺海军兵器馆

门票信息：免费。

开放时间：7：00—17：00。

交通导航：可乘坐普线201路、上行线路215路、下行线路215路到达。

蛇博物馆——拉近人与蛇的距离

位于大连市旅顺口区列宁街42号的蛇博物馆是一座以介绍蛇类知识为主的专题展馆，占地面积14 000平方米，建筑面积5 000平方米。

旅顺蛇博物馆位于大连市旅顺口区列宁街42号，整体建筑造型为流线型钢混框架结构，并以实墙与大玻璃幕墙围合而成，屋顶最大高度17.2米，最大跨度为46.5米。博物馆以“回归自然”为主题，将其内的水族馆、动物园、植物园与博物馆的展示形式有机融为一体，最大限度地营造出一种全新的生态景观。馆内大范围种植了观赏性的花草树木，并采用人工技术，塑山塑树，塑造出了海洋一角、人工湖、瀑布叠水、高山丘陵、岩洞、悬崖峭壁、山涧溪流等奇妙的自然景观。

蛇博物馆

79

建造蛇馆的目的之一，就是要通过科普的方式消除人们长久以来对蛇的误解，拉近人与蛇的距离，同时让人们了解到，蛇也是人类的朋友。馆内设有：游蛇区、珍稀动物区、鳄鱼区、巨龟区、标本展示区。可观赏到数千条各种游蛇和锦蛇等；我国一类保护动物金环蛇、银环蛇、鹰嘴龟、四爪陆龟、缅甸陆龟、蛇岛蝮千山亚种等许多珍稀物种；体形很大的马来巨龟、扬子鳄。透过"海洋一角"，上千条海蛇、巨大的海龟和各种鱼群，可领略到南海的无限风光。沿着蟒蛇展区上山的阶梯步道，可领略到瀑布、小溪、潺潺流水，高大的人工塑树和低矮的灌树丛中有数条大蟒蛇。在叠水池中可看见世界上最大的两栖动物大鲵群体。标本展区陈列着精美的骨骼标本、两栖爬行动物浸制标本、栩栩如生的剥制标本，还有十分罕见的双头乌苏里蝮蛇、双尾水赤链华游蛇、白蝮蛇、白眼镜蛇标本。在山下的玻璃长廊中，可以看到许多水龟在山涧溪流中缓慢游动。立体展板内您可以了解到一些有关蛇类的基础知识。半圆形的多功能厅，可观赏到一些与蛇有关的影视节目和精彩的动物表演，而且如果您已经消除了对蛇的误会，敢于亲近它，还可以手拿大蟒蛇与它合照。

俯瞰蛇博物馆全貌，聆听瀑布声、流水声、背景音乐的鸟叫声交织在一起，不仅消除了您对毒蛇的恐惧心理，而且让您仿佛置身于大自然中，尽情体会展馆内人与环境的和谐一致。

门票信息：门票50元/人，1.2米以下儿童免费。

开放时间：8：00—19：30。

交通导航：在旅顺口乘坐18路公交即可到达。

金石赏石馆——无声的诗，立体的画

大连金石赏石馆以展示精品奇石为主，是我国目前规模最大、藏石最丰富的大型赏石馆之一。

金石赏石馆是一座建筑面积近3 000平方米的欧式风格造型的大楼。这里曾是“金石滩白宫”蜡像馆的一楼，因通体白色而得名。

这座位于大连市金州区金石滩国家旅游度假区内的赏石馆展示的奇石多达3 000多件，只精品就有200多个。来到这里你会发现，原来石头也可以这样“惟妙惟肖”，它们多是纹理石、造型石、色彩石和生物化石等。这些石头有的以别致生动的花纹取胜；有的以五彩斑斓的色彩，令人赏心悦目；还有的花纹在经历岁月的侵蚀后，能诱发人的思古之幽情。在这些藏石里，你可以欣赏菊花石的绽颜怒放，倾听灵璧石的五音七律，感受牡丹石的高贵典雅，领略黄河石的圆润，文石的通透，水晶的剔透，五彩石的艳丽，戈壁石的粗犷，化石的奥妙和“天下第一石”龟裂石的神奇。每件奇石都在用心书写着大自然的经历，在那漫长的岁月里，默默耕耘，是人类探索大自然的生动资料。

1997年“金石杯全国观赏石名家邀请赛”在大连举办，我国著名的学者、美学大师王朝闻来到金石滩，并在赏石赛结束后提议将这次赛事的展品留下来，以充实赏石馆的藏品，受到大家的影响。馆藏物品因此丰富起来。次年，“金石滩白宫”内的金石滩鲜花大世界从二层搬出，赏石馆迁入其内，并在此举办了中外名家奇石研讨会。这次研讨会让赏石馆的藏品再次丰富起来。

赏石研讨会和名家邀请赛的举办，使得赏石馆有了近3 000件奇石。这些奇石中，有很多属精品、珍品。而最有代表性的当属龟裂石，它以地质地貌取胜，已有6亿年的历史。

赏石馆的每一块奇石，都是一个故事。它们仿佛是无声的诗、立体的画，带给人们深远的意境。在这里，把你的想象力发挥到极致，这些天然形成的画面，一定让你不得不感叹大自然的鬼斧神工。

门票信息：90元。

开放时间：9：00—16：30。

交通导航：从大连火车站乘轻轨可直达金石滩。

关东法院旧址博物馆——大连百年的司法史

旅顺关东法院旧址博物馆，是旅顺日本关东高等法院和地方法院的标志性建筑，是大连百年司法史的见证。

旅顺被誉为“中国半部近代史”，记录了中国近代半殖民地半封建社会的屈辱。侵略者在此打着各种旗号对中国人进行残酷地剥削，包括以所谓的“法律手段”。

旅顺西岗区黄河路北一巷33号关东法院旧址博物馆，是自1902到1906年由沙俄、日本两个帝国主义国家，不同时期在同一地点建造的欧式建筑。在最醒目处建有“天平”式样的标志装饰，意味着法院的公平和法官的公正。可是这个象征着“公平”的装饰物，却记录着一件件不公平的审判。它向人们证明，殖民统治者的法典中从来就没有什么“公平”和“公正”可言。

旅顺日本高等法院和地方法院建立初期，使用的是该建筑的两侧平房，它是1902年沙俄建造的兵营，后改为参谋官邸。1906年日本建筑设计师前田松韵，利用中间空地巧妙设计后，才建成这座具有希腊复兴风格的欧式建筑。

涌金门

法庭

大连在日本统治时期，殖民当局颁布了大量的法律，明文规定，中国人与日本人不同，在国际上已经被禁用的笞刑，在中国人身上仍然使用。将中国人蔑称为“支那人”，不准许他们吃大米、白面，只供给高粱米和粗粮混合面，如有违犯，就被扣上“经济犯”的罪名，受尽折磨。关东都督府高等法院和地方法院建筑主体为二层砖石木框架结构，内设大、小法庭，临时关押所、会议室、宿舍、办公室等，其面积为5 186平方米。

关东法院旧址博物馆馆区分为9个展室，主要介绍了法院沿革——介绍日本殖民统治时期，行政机构的建立、司法制度的演变、关东法院始末；恢复历史原貌——院长室、检察官室、法庭、“犯人”楼梯等；英烈事迹展——专门介绍中国共产党人、抗日放火团、朝鲜抗日志士的斗争事迹；实物展——抗日放火团的公判通报、各种刑具、办公用品、司法书籍、案件卷宗以及只对中国人使用的刑具——笞刑等；电视资料片——放映抗日放火团和引起世人瞩目的朝鲜抗日志士安重根在法庭上的公判纪录 。到旅顺关东法院旧址博物馆进行系列性参观，就能了解到大连百年的司法史。

门票信息：20元。

开放时间：冬季8：00—16：30，夏季7：30—17：00。

交通导航：公交1路、3路、6路等可达。

关东军司令部旧址博物馆——罪孽之师

推荐星级：★★★★★

关东军司令部旧址博物馆是一座历经百年的欧式建筑，它原是日本关东都督府陆军部、关东军司令部。

旅顺历经百年沧桑，阅尽历史风云，位于太阳沟万乐街10号的关东军司令部旧址博物馆就是近百年来帝国主义侵华历史最好的见证之一。

展厅内景

这里曾经是俄、日侵略军发动罪恶战争、采取军事行动的策源地和指挥中枢。日俄战争前，此楼是俄国关东州陆军炮兵部。日俄战争之后，这里是日本关东都督府陆军部。两次出兵山东、制造“济南惨案”的日本军队就是从这里下令派出去的，震惊中外的“九一八”事变就是在这里密谋策划的，罪恶满盈的日本甲级战犯板垣征四郎等高级将领就是从这里登台起家的。从1906年8月在这里设置关东都督府陆军部算起，直至1931年9月，关东军司令官本庄繁率部离开旅顺，乘专列北上，将关东军司令部迁址至奉天兴业银行内，此地作为关东军指挥中心长达25年。

1945年8月22日苏联红军进驻旅顺、大连，这座大楼又成为苏第39集团军某师司令部。1955年5月苏军撤离，中国人民解放军接防。此处为我驻军某部机关办公楼。

关东军司令部旧址博物馆，整体为近代俄罗斯风格，主体是两层半砖石木框架结构，建筑面积2 600多平方米，主楼外形酷似一座长方形的堡垒。博物馆由3个大展厅、3个复原室和1个音像室组成，通过近几百幅珍贵历史图片、图表和百余件实物，进行“罪孽之师——关东军”展览，展示日本关东军从其建立至灭亡的历史，深刻揭露了侵华日军、特别是关东军的罪行。它向人们证明，罪恶的历史是无法掩盖的，无论任何人、任何国家都必须正视历史，“正视过去，才是重新站起来的基础”。

门票信息：成人票：20元。儿童票：10元。其他优惠：1.3米以下免票。

开放时间：5月1日至9月30日，7：30—17：00；10月1日至4月30日，8：00—17：00。

交通导航：大连火车站站北广场或黑石礁客运站乘坐大连到旅顺公交车。

关东司令部旧址博物馆

第4章

自然胜景与人文情怀

海洋岛——海上要道一把锁

海洋岛又称大洋岛，位于大连市西岗区，是大连海域中最清洁的海域之一。这里远离城市的喧嚣，是难得的休闲、度假、海浴、垂钓和疗养的胜地。

海洋岛东与朝鲜半岛相望，西北与长山列岛毗邻，拥有长山列岛最好的港湾和最高的山峰，战略位置非常重要，有“黄海前哨”之称。这里群山环绕，地势险峻，自然风光优美，主要景点包括哭娘顶、鹰嘴石、太平湾、渔港风光等，是人们度假休闲的好地方。

海洋岛海岸陡壁如削，多处断崖临海，是军民联防、环岛防御的绝佳之地，历代兵家都称这里为“不沉的母舰”，是扼黄海北部海上交通之要道，素有“海上要道一把锁”之称。全岛的群山之首是“哭娘顶”，是长山列岛高峰之最，海拔为372米。

传说在唐朝，山下住着一个叫福海的渔民。有一天，他在海上捕鱼时遇到了狂浪。正当危难之际，被红衣线女救起。事后，女子看他勤劳善良，就嫁给了他。二人相亲相爱，不久以后便生了一个漂亮的女儿，取名浪花。一家人从此过上了幸福美满的生活。然而好景不长，一天，一群海盗闯进了他的家，抢走了他的妻子，又把女儿推倒在地。望着绑着妈妈远去的船只，浪花沿着海边拼命哭喊，直到哭干了眼泪，把身体化成一座美丽的山峰。浪花所化山峰日夜巡视海面，期盼着妈妈的归来。后来人们就称这座山为“哭娘顶”。

很多诗人和作家来到哭娘顶观看海上日出，称这里是“黄海日出处”。在“哭娘顶”东北侧的海面上，有一座高38米的眼子山，为半个眼球形状，中间有个横穿东西的涵洞，好像眼球中的瞳仁。传说很久以前，有个青年勇士率领战船去抗击海盗，途中船被大风吹沉。遇难后，他把瞳仁化为涵洞，日夜注视着东方，保卫海疆的安宁。群山环抱之间有一马蹄形海湾，名太平湾，是国内罕见的天然良港。风暴来临之前，大量渔船浩浩荡荡聚集港内，林林总总，颇为壮观。

海洋岛是我国北温带寒流交汇的水域，既是海珍品生存的好地方，又是我国重要的捕鲸基地。海洋岛周围海域出产的五垄刺海参，因比普通海参多一道肉刺且营养价值更高而享誉海内外，闻名全国的“海洋岛渔场”即因海洋岛得名。

门票：免费。

开放时间：全天。

交通导航：大连到长海县的船每天早上8：00从大连港发船，可以直接到海洋岛。

金石滩——奇异独特的龟裂石

推荐星级：★★★★

金石滩景区位于大连市金州区的东部，被称为“奇石的园林”。金石滩是中国旅游局批准的第一个国家级旅游度假区，三面环海，有优质的海水浴场。而金石滩最独特的景色，是著名的龟裂石。因为这些奇特罕见的石头，金石滩又被称为“神力雕塑公园”。

龟裂石是一种形状怪异的石头。它的裂隙和纹路同龟背的自然裂纹非常相似，加上粉红色、金黄色等绚丽的色彩，被人们誉为大自然的鬼斧神工。在其他地方，这种石头很少见。在金石滩，除了冬暖夏凉，气候宜人，延绵30多千米的海岸线之外，最有名的就是这种龟裂石。

金石滩的来历可不简单，据说与女娲娘娘有关呢。相传，女娲补天遗落了一块五彩石。这石头是天地的精华，极有灵性。每当望见人间的景象，尤其是那波澜起伏的大海，这块五彩石就会感叹自己的命运。有一日，它离开了女娲的视线，告别了身周的同伴，纵身一跃，落向它早就向往的大海。没有想到的是，由于在大气中摩擦挤压，这颗五彩石竟然化作了无数五彩缤纷的碎块，最后纷纷洒洒地落在了荒无人烟的小岛上。后来，这里就被称为金石滩。

金石滩

金石滩远景

在金石滩开发景点伊始，有个文人在海岸边探寻古迹，突然发现了海中的一块礁石。他觉得这块礁石颇有些奇怪，很像某个名人的头像。极有个性、倔强、不向命运屈服，这个人是谁呢？想了很久，文人都没有得到答案。一连好几天，他都去看这块礁石，但始终没能想起来。终于，一天傍晚，在暴风雨即将到来的海边，乌云滚滚，天地一片混沌，他突然想到了贝多芬的第五交响曲——《命运交响曲》。是他，就是他！这个礁石的头像，像极了执着追求，一生不屈服于命运，将真善美通过音乐带给世人的音乐巨匠——贝多芬。他的作品与海涛的波澜起伏一样，从不向任何世俗和丑恶低头。因此，这块礁石被命名为贝多芬礁石。

在金石滩景区附近，旅游景点众多，如大连世界名人蜡像馆、老大连民俗馆、中华武馆、狩猎场、十里黄金海岸、马术基地以及金石发现王国主题公园等，为游客们多元化的旅游方式提供了诸多选择。

门票信息：160元。

开放时间：8：30—17：00。

交通导航：乘坐城市快轨可直达终点站金石滩。大连城市快轨为两头对开，发车时间为每天6：00—18：30，每20分钟一趟。乘坐公交至金石广场站下车即到。

滨海路——最壮观的海滨景观

大连滨海路全长32公里，东起海之韵广场，西至黑石礁，贯穿12个主要景点。滨海路的一侧是山峰，连绵起伏不绝；一侧是大海，遥望烟波浩渺。道路两旁，四季都有绝佳景致，其中的海滨木栈道尤其为游人所称赞。

大连滨海路修建于20世纪70年代，原本是一条战备公路。改革开放之后，邓小平同志来大连视察，看到滨海路的优美景色，觉得如果市民无法观赏实在太可惜了，于是建议向全市开放。从此，滨海路成为旅游观光的道路。

2003年，首届“大连国际徒步大会”选择了滨海路作为活动道路，参加活动的人们，有着如诗画般美妙的行程：从时尚秀美的星海广场出发，经过有数百年海滨浴场历史的付家庄公园，海山景致交融的燕窝岭，游乐项目众多的老虎滩，然后自南而北，从石槽去往有着古老传说的棒棰岛公园，浪漫旖旎的迎宾路，清风怡人的风车广场，最后抵达充满海韵和雕塑的海之韵公园。全程20千米，处处是美景，行人就算再疲劳，感受着清新的海风，欣赏着一路不断变化的景色，也会坚持走完这段路程。为了考虑参加人群的体力，活动主办方还增设了5千米和10千米的另外两条路线，同样受到人们的欢迎。从那之后，大连滨海路有了一个广被接受的名字“徒步路”。

滨海路的木栈桥作为“世界最长的滨海木栈桥”，入选了上海大世界吉尼斯世界纪录。走在木栈桥上，听到木头发出的吱吱声响，从缝隙中还能看到脚下泛着神秘深蓝色的海水，海风吹来，着实令人神清气爽。这里是大人带孩子徒步游玩、锻炼身体的最佳去处。

游览滨海路除了徒步，外地游客还可以选择乘坐大连环海观光巴士，因为滨海路上几乎不通公交，也很难打到车。如果从其他地方打车，绕滨海路而行，全段费用在150～200元，司机师傅还会很人性化地在有名的景点停车，以供游人拍照留念。然而，真正懂得享受的旅客，一定会选择带着惬意和体会美景的心情，一路走完滨海路。当然，前提是必须具备良好的体力哦。

门票信息：无。

开放时间：全天。

交通导航：可乘坐2路、30路、403路、703路等公交到达。

大黑山——辽南第一名山

大黑山又称大赫山、大和尚山，是大连近郊最高的山峰，山势雄伟，气势磅礴，古迹众多，自古以来游人不绝。古代的"金州八景"（金州即现在的大连金州区）中大黑山就占据四景，许多人文、历史遗迹在战争中遭到破坏。

大黑山被誉为辽南第一山，坐落于大连市金州新区中心，距市中心25千米，面积23.79平方千米，平均海拔400米，主峰海拔663.1米，是一座呈"山"字型的山脉，与长白山、千山、黄海、渤海相邻。大黑山是大连古文化的发祥地，集自然景观、人文景观于一身，被批准为国家AAA级景区、国家森林公园和国家地质公园。同时佛、道、儒三教合一，是辽东地区著名的宗教圣地，辽宁省文物保护单位，也是海滨城市登山旅游经典路线。

对于大黑山，"没登刀背就等于没去过大黑山。""刀背"是大黑山最惊险的一段路，极窄的岩石峰顶，两侧都是悬崖，路中还有两处断崖，下面就是悬崖峭壁，四处连扶手的地方都没有。

大黑山山上的寺庙古色古香，据说山上的点将台是唐太宗李世民出征点将的地点。点将台视野开阔，位于唐王殿往西100余米处。站在这里，依稀还能感觉当年千军嘈杂、刀光剑影的气势。每年农历三月十六，山上的观音阁庙会非常热闹，无数善男信女早早就怀着虔诚，登上山来。

大黑山上的景点还有响水观、朝阳寺、卑沙城等。

响水观，也叫响水寺，坐落于大黑山西北麓，距金州城东5千米，始建于唐代，是以道教为主的观宇。由于历史原因，佛教、儒家的思想文化与道家也在此融汇，明、清两代曾多次修缮。

朝阳寺是一座佛教寺院，位于大黑山西麓，创建于明代。因该地山明水秀，故史称“明秀寺”，雍正六年才改称朝阳寺。寺院坐北朝南，为二进院。

卑沙城是大黑山的山城，大约建于晋代，是古时兵家必争之地。如今，古城堡早已没有了军事上的意义，只有残垣断壁，让游人凭吊。

大连人管“黑”念作“禾”，因此大黑山听起来就有点像“大和尚山”，不过，从山脚下看去，这大黑山确实很像一个打坐的和尚。游客来到这里，说不定也可以借着山上的清风道气，一洗凡尘的疲惫。

门票信息：免费。

开放时间：全天开放。

周边景点：关门寨、石鼓寺、卑沙城、点将台、朝阳古刹、响水观等。

绿山观景台——俯瞰大连市中心

绿山观景台作为新大连八景之一，站在观景台可以俯视大连市中心全貌，是眺望整个大连的最佳去处之一。绿山观景台所在的大连劳动公园是大连市中心最大的公园。

大连电视塔后面的绿山观景台，游人登高望远，可见四面环山、青松绿柏，是放松休闲的好去处。这里也是占地102万平方米、大连市区最大的公园——劳动公园。这里随处可见各种动物，除了广场鸽等常见的鸟类，还有孔雀、梅花鹿、丹顶鹤等。这些动物并不受场地的束缚，游客可以见到它们在草坪上自由自在地溜达。

这个景色秀美的劳动公园有着远比它的外表沧桑的历史。公园始建于1898年，最早是俄国人修建的，因为这里位于大连的西郊，因此被称为西公园。之后日本人侵占了大连，在园里修建了相扑场。此外，公园内还修建了高尔夫球场、马术俱乐部、游泳场等，在当时，公园的面积就已经很大了。

新中国成立后，大连对公园进行了大规模的整修，并在荷花池畔树了一个碑，上面的内容是“劳动创造世界”，公园因此改名为“劳动公园”。绿山观景台是劳动公园最著名的景点，也是情侣和新婚夫妇非常喜爱的地方。山脚下宽广的绿地，随便躺在哪里，呼吸着城市上空的清新空气，仰望碧蓝的天空，会发觉生活原来是这样的美好。

公园中的球形建筑艺术馆造型特别，它用的是足球的造型，红白相间的球体让人眼前一亮，因为大连人很喜欢足球运动。这个建筑，被称为“大连的象征”。

劳动公园中的世纪仓，里面收藏的是大连自从建市以来最有意义的100件物

劳动公园

品。建造世纪仓的初衷是，将这个地点和里面的物品留给历史。所有的物品经过真空和防腐处理之后，在1999年——大连建市百年的纪念日集体封仓。世纪仓附近种植了数十种各色的植物，并树立有一座石碑。这个留给历史的礼物，将到2099年，就是大连市建市200周年的时候，作为贺礼由那时的大连市市长亲自启封。这100件物品中，包括有江泽民给大连建市百年的题词、大连市市徽、新中国成立后历任大连市委书记、市长照片17幅，1999年9月19日出版的《大连日报》、1999年9月19日凌晨出生的男女婴儿手印脚印拓本等。

在绿山观景台的山上山脚，还会经常举办各种活动，如大连赏槐会、品槐酒会、国际风筝邀请赛、国际民间文化艺术交流、郁金香展、菊花展，还有烟花爆竹节、正月灯展等。春天时，这里芳草如茵，夏日里槐香飘遍，秋天菊花尽展美妙身姿，冬天尤其是春节期间，火树银花漫天飘飞，美不胜收。

观景台俯瞰

门票信息：免费。

开放时间：全天开放。

交通导航：乘坐2路、11路、24路、41路、506路、515路、521路、529路、532路、525路、533路、707路公交车在劳动公园站下可到。

棒棰岛——亚洲最大的森林国宾馆

棒棰岛位于滨海路东段，距离大连市约5千米。棒棰岛上分布着各种不同风格的别墅群，其中著名的棒棰岛国宾馆，是亚洲最大的森林国宾馆，曾接待过周恩来、朱德、刘少奇、叶剑英、胡耀邦、邓小平、江泽民等国家领导人。

棒棰岛三面环山，一面濒海，主峰海拔50来米，登临其上，可将海滨风光与岛上风情尽收眼底。传说，玉皇大帝的后花园有一株金棒棰花，颇有灵气，开花5 000年，而后结果5 000年，这之后才成熟。吸收了天地精华的棒棰果自然备受珍视，看管御花园的园丁丝毫不敢懈怠。然而，就在棒棰果即将成熟的时候，一阵清风吹来，竟然将果实吹落，飘到了人间。后来，这个果实在人间幻化为一位美丽的姑娘，被称为棒棰仙子。她受够了天庭的束缚，幻化人间，心情极为欢快，这样唱：

“白云为路巧铺成，天上奇种地上生。

阅尽人间千般色，才知下界胜天庭。”

棒棰岛

俯瞰国宾馆

不久，玉皇大帝得知，派神仙将棒棰仙子劝回了天庭。然而，棒棰仙子心里是舍不得的。在回去的路上，她将心爱的头针抛向凡间，落在了大连的海边，就变成了这座棒棰岛。

仔细看，棒棰岛确实很像棒棰。它风景优美，长达500余米的海滩，沙质细腻洁白，海水清澈见底，不愧是大连最好的海水浴场。海岸附近有各种各样的海鲜，尤其以优质海参为代表，前来的游客还可以自己尝试捕捞的乐趣呢。咸鱼饼子是这里的特色小吃，早些年，渔民们为了生计，每每都得很早出海，要在海上解决吃饭的问题，怎样既经济实惠、填饱肚子又不至于吃腻呢？聪慧的海边女子于是发明了咸鱼饼子。它制作简单，味道可口，极受广大渔民的喜爱。岛上除了最有名的棒棰岛国宾馆，还有7栋风格各异的别墅，将小岛点缀得缤纷多彩。

门票信息：免费。

开放时间：全天开放。

交通导航：友好广场乘712路至山平街下车，然后打车前往。乘404路、703路到山屏街下。

101

冰峪沟——感受远古传说

大连冰峪沟风景区位于庄河市北的仙人洞镇附近，距大连市区240千米。此地奇峰秀美，大小洞穴众多，有“北国桂林”之誉。近几年，冰峪沟新建了度假别墅和中心酒店，开辟了多种旅游项目。

冰峪沟风景区，有着良好的自然生态环境，素有“北国桂林”“辽南桂林”的美誉，蜚声海内外。在它的附近，是辽宁仙人洞国家森林公园，作为庄河市又一旅游胜地，那里又被誉为“天然动植物王国”。珍禽野兽、奇花异草多达上千种，加上数百公顷的赤松林，这在亚洲乃至世界上都堪称一绝。

关于冰峪沟，有着非常奇特的远古传说。在女娲补天之后的许多年，整个世界相安无事。突然某天，在这一片的地下钻出一条火龙来。火龙异常凶猛，它动作迅捷，口喷烈火,屠害生灵。甚至，它飞到哪里，那里很快就变为一堆焦土。后来火龙在海边遇到了它的死对头——冰龙。冰龙性子好静，它的身上有一股特别的寒气，每到一处便积冰如山。冰龙常年待在海底，对人间倒没什么危害。眼见火龙欺负到了自家的地盘，冰龙虽然与世无争，却也忍耐不住了。冰龙不像火龙到处招摇，自己蓄积了多年的能量一旦爆发，很快即将火龙击败。冰龙得胜之后，极为得意，纵身跃起，在天空自由驰骋。不知多久，它觉得累了，看到一处地方，正是火龙的诞生地。这里还有火龙诞生时制造的大火在熊熊燃烧，到处冒着黑烟。冰龙试了各种办法，却始终不能将火浇灭。因为这火实在是有着天火的特质，极难熄灭。冰龙想了想，觉得自己也该找个地方栖身了，于是纵身往这火上扑去。没过多久，燃烧多年的大火终于熄灭了，而冰龙也永远地沉寂在了这片土地上。这里就被后来人称为冰峪沟。

这里还有另外一种说法：相传，唐朝的薛仁贵在东征的时候，曾在这里安营扎寨。唐太宗李世民到此探查时发现这里确是“一夫当关，万夫莫开”之地，便赐名“兵御”，谐音称“冰峪”，也许这才是冰峪沟名称的真实由来吧。但事实如何，还有待考查？但冰峪沟那秀美的风景却是名副其实的，游客可以亲自来此一探究竟。

门票信息： 120元。

开放时间： 全天开放。

交通导航： 大连火车站乘豪华大巴，每天6：20—16：30，每40分钟一个班次；或从北岗桥长途客运站乘车，每天4：20—16：20，每10～20分钟一个班次。

仙浴湾——东方明珠

位于大连市仙浴湾镇仙浴湾村的仙浴湾风景素有“东方明珠”的美誉，海阔景美东北少有，是集海浴、沙浴、旅游、度假于一体的游乐胜地。

仙浴湾的沙细坡缓、水质洁净，水中含有多种人体所需的微量元素，浴后对皮肤有一定的消毒杀菌作用；海沙主要成分为二氧化硅，不含粉黏土，特别适合沙浴，对增强人体血液循环和新陈代谢，以及治疗腰痛和关节炎等有一定疗效。

这里不但自然风景优美，更有许多人文风景及人文与自然相结合风景，主要景点有栩栩如生的九仙女雕塑、享有“海上明珠”之誉的情人岛、水质和沙滩极佳的浴美人浴场、风光旖旎的复州八大奇景之一的“水泡荷风”、保存较好的隋朝古城羊官堡、气势恢宏的情人雕塑、辽南最大的十八罗汉庙观海寺等。

关于“仙浴湾”这个名称的由来，还有一个美丽的传说。据说很久很久以前，仙浴湾并不像我们今天看到的这样。那时海里奇礁林立，怪石狼牙，海水更是散发着一股恶臭之气，是一个毫无生命的死海。居住在此地的人们因为海水的缘故，生活也颇为拮据，很多人不得已离开了家乡，他处求生，只留下一些老弱病残还守在这里，艰难度日。然而，突然有一天早晨，海上云雾缭绕，紫霞满天。这突现的海上奇观，招来了附近村民的围观，他们隐隐约约地看见有九位仙女从天而降，撩动轻纱在海面轻舞，掀起一串串晶莹的水花，仿佛在那里沐浴。如此景象持续了数时才慢慢消散，再次呈现在人们眼前的景象，使大家欣喜若狂。只见焕然一新的海上，微波荡漾，海水清澈透明，并伴有鱼儿水中游，飞鸟空中旋，原来的奇礁怪石早已来去无踪。只在仙女出现过的地方，留下了一个小岛，就是我们现在看到的美丽的情人岛。仙女降临这一天正好是九九重阳节，仙女洗浴时留下的小岛面积是九九八十一亩，又因那年是鼠年，当地人们俗称“耗驼”。仙女洗浴时扔到海岸的浴巾，变成了细软的金黄色的沙滩，就是我们看到的“浴美人浴场”，沙滩长是九九八千一百尺，小岛离岸是三九二千七百尺。就这样，人们把九位仙女洗浴的地方称为“仙浴湾”。俯瞰情人岛，你会发现她就像一个美丽的仙女躺在那里，等待情人的到来。

仙浴湾的沙、水、景不仅独具特色，而且水洁沙优，堪称全国之最。这里有75℃的温泉，还有海边的银帆客舍，能使您体会到海上休闲，天海一体的快乐。

门票信息：免费。

开放时间：全天。

交通导航：先坐车到瓦房店，再到瓦房店客运站，那里有到仙浴湾的城际小客车。

西中岛——如莲花般绽放

位于瓦房店市西南约80千米处交流岛乡的西中岛，总面积47平方千米，这片土地山水秀美、物产丰富、民风淳朴，是休闲度假、避暑疗养、吃海玩海的理想胜地。

俯视西中岛全岛，它就像莲花一样绽放在蔚蓝的渤海之中，故在明清时期又称莲花岛。

这里三面环山，一面朝海，最大的特色就是沙滩，海岸上全是很平缓的沙子。 海水至清，涌上沙滩的海浪都是透明的，泛着白色的浪花，甚至能看见水下的细沙随浪花翻滚。 西中岛的滩涂属于沙质型，金黄色的细沙，柔软细腻，而且平缓延绵。夕阳西下，4千米的曲折沙滩被晒上金色的阳光，沙滩和海面都泛着金黄色的光芒。海面上成百上千只海鸥旁若无人地飞来飞去。海滨景点石林耸立，千姿百态，西山里原始林山峦绵绵，郁郁葱葱。

西中岛环境优美，资源富饶，眼红了老沙皇，在光绪二十四年即公元1898年被沙俄侵占， 1905年又被日本争夺，直到1945年才被解放回归祖国。

这里地理位置优越，交通便利，三条公路外连大陆，内接交流岛、凤鸣岛、西中岛、骆驼岛四岛屿，宜人的海洋气候冬暖夏凉，日照充足。蓝天、白云、青山、碧水交相辉映，在这么好的海滩上玩什么都是享受。登山远眺，如入仙境。细沙子的沙滩，白天可以开展沙滩排球运动，晚上可以举办篝火晚会。并且各方面条件都非常适宜海产品的生产，特别是海珍品的参类、贝类及鱼虾类的生长，是中国少有的海珍品生长区域。下午退潮的时候赶海能捡到小螃蟹和大海星，让您压力的都市生活放松一下。这里还有海滨浴场、海滨度假村、海上戏水活动、划水俱乐部等。

门票信息： 免费。

开放时间： 全天开放。

交通导航： 走高速，到瓦房店南口下道，出口右转驶向交流岛，进入交流岛有指示牌到桑屯。继续前走就是通往海滨浴场的路了。

蛇岛——举世闻名的奇岛

推荐星级：★★★★★

位于大连旅顺口区双岛镇大甸子西北7海里处的蛇岛，是举世闻名的奇岛，岛上坡陡沟深，土层深厚，结构疏松，天然岩缝和岩洞较多，成为蝮蛇栖身生息的良好环境。

世界上有这么一个地方，它上面生活的主要生物是蛇。乍一听，蛇。一定有很多人感到害怕，但这个岛上生活的蛇却是我国的保护动物。这就是被称为蛇岛的地方，又名“小龙山岛”，是世界上唯一的只生存单一蝮蛇的海岛。主峰海拔216.9米，四面多悬崖峭壁，岩石裸露，唯东南角有一片卵石滩。岛上有蛇近2万条。而且只有一种，即黑眉蝮蛇。下面就说一下，蝮蛇究竟和其他蛇有什么区别？

这里的蝮蛇是西伯利亚蝮蛇的一种，属响尾蛇科。蝮蛇颈细、头呈三角形，背部呈灰褐色，两侧各有一行黑褐色的圆斑，腹灰褐，具黑白斑点，捕食鼠、鸟、蛙、蜥蜴。蛇岛的蝮蛇头和牙特大，毒性甚烈，1克蛇毒液可毒死1000只兔子，3万只鸽子，0.1克可致人死亡。蝮蛇都非常善于伪装，不仅躯体的颜色和周围的环境酷似，连栖息的姿态也能模拟周围的物状。岛上的蛇一般不袭击人，只要不触犯它，即使离它很近也无害。另外，蝮蛇的特点是，判断周围环境不依靠眼睛，而靠眼鼻之间的一个特殊器官——颊窝。颊窝状如漏斗，是一个灵敏度极高的热测位器，人、鸟、兽顺风靠近它，立刻被它察觉。人们根据它的这一特性，逆风靠近它，虽然近在咫尺也不会被发现 。

是什么原因导致这个小岛上存在如此多这样的蝮蛇呢？其他生物又到哪里去了？

蛇岛是在特定的地理环境下，经过长期的自然变化而形成的。从蛇岛的岩层、岩相分析，大约在10亿年以前，蛇岛和辽东半岛连在一起。在距今 1 亿年前的中生代燕山运动以及后来距今1 000万~2 000万年前的喜马拉雅造山运动发生了辽河断裂，渤海下陷，蛇岛在这个阶段由被挤压的巨石在渤海中形成。当时蛇岛很小，只是现在的几分之一，经过若干年地壳不断上升后才形成今天的样子。多年来，在蛇岛上形成了蛇吃小鸟，小鸟吃昆虫，昆虫吃植物，植物以鸟粪为肥料的食物链，形成了以蛇为中心的完整的生态系统。岛上的蝮蛇是世界上唯一一种既冬眠又夏眠的蛇。这种蛇一年只捕食几次就可存活下来，极强的生命力使它们在岛上生存繁衍几千万年，并在日益发展的系统中形成人型群体。20世纪50年代中期，蛇岛上有黑眉蝮蛇数万条，在1958年6月蛇岛发生了一场大火，一连烧了四五天，整个蛇岛植物几乎化为灰烬。大量蛇被烧死、烤死，使蛇资源遭到严重损失。

现在蛇岛上建立了观察站，对蛇岛上的黑眉蝮蛇进行保护，使其从9 000条左右增加到了近2万条，取得了很大成效。

门票信息： 120元（含船票）。

开放时间： 每年1月、2月、3月、7月、8月、9月。

交通导航： 从旅顺汽车站或胜利塔（太阳沟）先乘汽车到董砣子港，再转乘游艇前往，每天有9：30、13：30两班船。

海王九岛——人间仙境

海王九岛为岛礁型基岩，这里的美景自然形成，旅游资源绚丽独特，海蚀柱、海蚀洞等海滨地貌和海岸景观随处可见，沿岸周围沙滩分布广泛，海水浴场众多，孕育着大自然的精华。

海王九岛位于大连市庄河王家镇海王九岛大街8号，由名字就可以看出，这个地方的特别，也像名称一样，有九个小岛组成，它们分别是瘦龙、元宝、团贺、海龟、井蛙、观象、双狮和大小海王。风景秀丽，布局精巧，令人叹为观止。它具备现代人海上旅游的三要素“阳光、沙滩、海水”，是我国一处不可多得的海上旅游区。享有“海上盆景”“黄海娇子”“人间仙境”等美誉，大文豪郭沫若曾在这里留下了“汪洋万顷青于靛，小屿珊瑚列画屏”的赞美诗句。

历经亿万年的大浪波涛和岁月的侵蚀，这里形成了蜿蜒数十千米的风景海岸线。九岛的美丽，九岛的奇特，使人不得不赞叹大自然的鬼斧神工。海岛遍布的奇礁怪石，数之不尽，有狮狍争锋、刺猬扑食、神龟过海、大象吸水、荞麦礁、黑白石、罗汉醉酒等。俯瞰而下，你会发现这些怪石，有的像巨大的元宝，有的像井蛙，有的像羊羔唤母，还有的似桂林的象鼻山、熊岳的望儿山、云南的阿诗玛，并且每一处都流传着一个美丽的传说，就像是各地胜景的博览会。在海王九岛之一的元宝岛东端，就是享有盛名的观鸟台。在这里可以见到黄海海域的水鸟。鸟群时而落地憩息盖住了岛屿、礁石，时而腾空翱翔遮天蔽日。海鸥飞起、海鸭飞落，似秋叶般洒落，如雪片轻盈飘舞，反差强烈，黑白分明。更有各类水鸟落落大方地腾飞降落，空中畅想，层层叠叠，好不壮观。这样的胜景、奇景，常令人如醉如痴，流连忘返。奇怪的是，这里的每种鸟都有自己的领地，它们各占一方，互不侵犯。观象岛、团圆岛是白鹭的地盘。每当退潮时，就会有成双成对的白鹭到海边捉鱼捕虾和小螃蟹，到涨潮的时候再飞走，蹲在草丛里或悬崖峭壁、树枝上休息，一旦受到惊吓，便呼的一声飞起，只见一片白鹭上青天，非常壮观。

海王九岛不但有迷人的自然风光，还有许多具有历史研究价值的遗迹。

九岛所属海域，濒临日本、韩国和朝鲜，是我国重要的国防要地之一。早在嘉庆年间，处于岛上的望海楼就是观察倭寇入侵的烽火台，为当时阻挡倭寇的入侵，立下了“汗马功劳”。至今山上的烽火台和报警铁钟依然保存完好。近代著名的甲午海战就发生在海王九岛的东部海面，目前，小海王岛仍保存当时海战日寇船舶在此靠泊的铁锚桩。海王九岛还有日本侵略者留下的1938年建造的国际灯塔和1942年修筑的船泊大坝等。

门票信息：70元。

开放时间：08：00—17：00。

交通导航：沈阳—大连庄河市—码头乘船到达海王九岛(寿龙岛或王家岛)。大连或瓦房店（乘汽车两个小时）—庄河（乘海轮一个小时）—海王九岛。庄河—海王九岛航班。

瓜皮岛—— 长寿之岛

瓜皮岛被称为长寿之岛，岛上民风淳朴，“夜不闭户，路不拾遗”，人与人之间关系非常和谐，被称为当代的“世外桃源”。

在大连长海大长山岛镇上有一座长寿岛，因岛呈椭圆形如瓜状貌似西瓜皮而叫作“瓜皮岛”，明《辽东志》载“刮皮岛”即此。岛上面积3平方千米，东西长，南北宽，地势平缓。由片麻岩、板岩构成，沿岸有小海湾、海涂分布。与广鹿岛东端的多落母之间有海底沙坝连接。岛屿风景尚处于“养在深闺人未识”的阶段。海边的自然风光没有人工雕琢的痕迹，大片分布的松软沙滩，适合开展海滨露营活动。

瓜皮岛风景秀美，民风素朴，海岛水产资源丰富，绿色植被覆盖率极高，远远望去小岛郁郁葱葱，绿意盎然。经济以渔业为主，海产品有鱼、虾、海参、牡蛎，特产银鱼。在瓜皮岛可以早起看黄海日出，美景尽收眼底；涨潮时海边垂钓，有黄鱼、黑鱼等多种经济鱼类；退潮时赶海拾贝，抓螃蟹、捡海参，乐趣无限；入住当地渔家，可体验渔家生活，品尝地道大连海鲜。

海岛周围环绕着大长山岛、小长山岛、广鹿岛等。恰如镶嵌在中国黄海深处的一串明珠。登上小岛，渔村风貌尽在眼前，码头很小，四周停泊着渔船，离岸边不远的渔家居落都堆放着各种渔具和设备；小狗欢跳，鸡鸭欢鸣，其乐融融，每家居所的房前屋后，都栽有芙蓉树，优美秀雅。人们生活富足，恬淡安适。

门票信息： 免费。

开放时间： 全天。

交通导航： 从大连火车站乘大连至普兰店的大客车，到普兰店后坐出租车或小客车到瓜皮岛。或在大连火车站乘返程车至皮口港，转乘到瓜皮岛的客车。

猪岛——渤海湾三大岛之一

猪岛，旅顺北部渤海湾三大岛之一。总面积0.96平方千米，海拔72.6米，长1.67千米、宽0.57千米，因岛形似猪，故名。

位于大连市旅顺口区北海镇北海村处有一座形似猪的岛屿，关于这个岛屿形状的由来，有着一个充满神话色彩的传说。

那是很久以前发生在渤海湾畔的故事。那时每当夜幕降临之际，人们都能看到海中闪烁着七彩的“夜明珠”。经探查才知道原来在海底生活着七条鲃蛸精，它们每天轮流值守洞口，眼睛探出海面，变幻着赤橙黄绿青蓝紫，人们误以为那是“夜明珠”。当地的一个土财主知道后，便千方百计地想要把夜明珠据为己有。于是在临死之际，就嘱咐儿子完成他的心愿。财主的儿子雇了两个水手去摘夜明珠，其中一个刚到海里，便被鲃蛸精杀害。另外一个水手见此情况不敢下水，但又怵于财主儿子的势力，心生一计。他让财主的儿子骑上一头披红挂绿的肥猪，骗他是“天蓬元帅”下凡，只有他自己到海里才能取夜明珠。财主儿子信以为真，就骑了上去，谁知这时水手用“钉板”猛击猪屁股一下，猪就横冲直撞地向海里冲去，从此猪和财主儿子再无音信。鲃蛸精发现了淹死的猪，用它的身体堵住了鲃蛸洞口，横在海面上的只有猪身子堵逐渐变成了现在形似猪的岛屿。

这座岛屿上的最高山峰海拔是72.6米，有耕地13.35万平方米，岛南部的小半圆形海湾，可在冬季避风，进驻临时泊船。

猪岛由火山岩构成，土质肥沃，东高西低。岛上有一口淡水井，距海水不足百米。近海处，有一片石洼，潮涨淹没，退潮显露。令人不解的是，这个石洼存的淡水总是甘甜爽口，长年不涸。岛上的树木以柳、槐为主。这里还盛产一种六菱参，浑身上下共有六排肉刺，其性温补，功效卓著，尤甚调理妇女产后恢复，对治疗老人手脚冰凉、手术恢复、伤口恢复等颇有助益，常年服用，调理肾虚效果明显，是猪岛的特产。当年周总理曾用它招待尼克松总统。北海水冷，五年才出参，尚未见人工养殖，所以产量极低。

早年居住在猪岛的人以种田、捕渔为生。这里与岸隔绝，且一到冬季便结冰，使得人们的生活极为不便。据当地人介绍说，1949年猪岛曾建麻风病院，1957年迁出；1977年岛上又建农场，1978年迁出；1987年以后，这里成为水产养殖基地。

门票信息：免费。

开放时间：全天开放。

交通导航：猪岛距离最近的陆地大正港18.5千米，小船可登岛。

黄渤海分界线——泾渭分明

"老铁山头入海深，黄海渤海自此分。西去急流如云涌，南来薄雾应风生"。此即为地处老铁山的黄海和渤海自然分界处的壮观景象。

在旅顺老铁山灯塔下方，是险峻陡峭的悬崖峭壁。它与山东蓬莱呈对角线，黄渤两海的浪潮，由海角两边涌来，交汇在这里。两海各自不同的水色（东部黄海部分水是深蓝色，而西部渤海水浑浊，略呈微黄色），形成了一道"泾渭分明"的水流，即黄渤海分界线。这是所处海底地沟所形成的自然现象。大连作家邓刚曾在他的小说《龙兵过》中形象而生动地描写过这条两海分界的水线。

传说，当年玉皇大帝分封东海、南海、黄海、渤海四龙王海疆领域以后，东海和南海的两位龙王一直相安无事，而且结为儿女亲家，成了亲戚。但渤海龙王和黄海龙王却没那么简单，两龙王心胸狭隘，喜欢斤斤计较，都不服对方。两方的虾兵蟹将常常因为海界领域问题而大打出手，纠纷不断。终于有一次，事态扩大，闹到了玉皇大帝那里，玉皇大帝被他们的纷争搅得大伤脑筋。只好先派太白金星到黄渤两海上空去巡视，探查详情。太白金星来到现在的老铁山前面，发现此处地势险峻，而水色略有不同，又见巡海的两海兵将在此地带大动干戈地争斗，便向玉皇大帝禀报了实情。玉皇大帝想出一个方法，即在老铁山前面划分永久界限，并召见两海龙王，问他们是否同意。两龙王思考片刻，想到这样一直打下去也不是办法，只好相互妥协，暂时应了下来。于是，玉皇大帝当即命令太白金星手持一支令箭投向海上，轰隆一声巨响，溅起了万丈波涛。海底因此生出一道深深的沟堑。此后，渤海之水就变得略黄，黄海反倒湛蓝起来。渤海龙王看到渤海之水不像黄海那样清澈，就有些不快，太白金星见此忙道："渤海龙王休要见怪，渤海之水变黄是因为从黄土高原带来的土壤肥沃，并且对海里的龙子龙孙与鱼虾繁衍大有益处，您占了大便宜了。”渤海龙王一听，原来如此，也就不再说什么了。从此，这一带就成了黄海、渤海的自然分界线，而渤海水产的海鲜也确实比较鲜美。

时至今日，黄渤海分界线已成为旅顺旅游观光的新热点，许多游客纷纷涌来一观胜景。

门票信息：免费。

开放时间：全天开放。

交通导航：旅顺长途汽车站有一班通往“陈家村”的车,路过去老铁山灯塔的路口。

第5章

信步于广场之林

胜利广场——感受热情好客的大连

大连广场虽多，但提到最具时尚感和现代气息的广场，人们一定会想到位于大连中山区火车站前的青泥洼桥商业中心区的胜利广场，它是大连名副其实的“不夜城”，也是大连的标志性建筑。

如果要问东北的“客厅”是哪里，很多人都会指向地图上渤海最东边、辽东半岛岛尖上的那颗明珠——大连。那么大连的“客厅”是哪里呢？它自然就是胜利广场了。正对大连火车站的胜利广场，仿佛一个迎宾的主人，向来到大连的客人，打开“客厅”之门。在这里，游人能感受到大连人的热情，大连人的好客，大连人的胸襟和大连人的气魄。胜利广场的主要精髓，在于它有一个与地上同样热闹的地下城。

广场景观

广场雕塑

117

1992年，台湾商人蔡辰男路过大连。他对火车站附近的商业位置极有兴趣。熙熙攘攘的天津街、热闹非凡的秋林公司、历史悠久的大连商场，加上附近的几条商业街，使得火车站附近店铺林立，人头攒动，相当具有人气。另外，周围还有颇具韵味的明珠大酒店和格调高雅的九州饭店，也成为不少商界人士的停留之地。于是蔡辰男决定投资在此处建造一座商场。

项目于1993年9月动工，1998年5月正式营业，历经近5年的时间。为了追求工程的完美，蔡辰男特意通过各方联系，邀请了国际著名的专家、设计师参与项目中。他还带团去欧美、日本、新加坡等地考察，力图打造一个世界性的著名广场。

建成的胜利广场，在充满时尚感的背后又有文化底蕴，精品大牌的店铺中间也有平民大众的合意选择，现代风情的建筑中间穿插欧式建筑的神韵。广场北面的古罗马式的下沉广场，是当时全国范围内设计最早的下沉式广场，领先广场设计的潮流。在这个充满异域风情的广场中，欣赏精彩的大型活动、各类的节庆演出。对于观众而言，确实是种享受，令人仿佛来到了意大利罗马，坐在古罗马广场的看台上向下俯视的感觉。

地下广场周遭，林林总总的各式店铺将这个“地下城”装点得五光十色。几米小站是休闲放松的好去处，乾隆大集汇聚了女生最爱的各种饰品，电讯广场的各种数码、电子产品更是琳琅满目……这所有的主题街区，都在地下广场。由于位于地下，这里一年四季都在20℃左右的恒温，环境幽雅、舒适宜人，自然受到游客、市民的青睐。夜游胜利广场，500多盏各式花灯以及霓虹灯，一定会让游人度过浪漫而惬意的夜晚。

门票：免费。

开放时间：全天开放。

交通导航：乘坐公交1路、1路区间车、2路、15路、16路、19路、22路、23路在青泥洼桥站下。

星海湾——废弃盐场变现代广场

星海湾的星海广场是目前亚洲最大的城市广场，中心广场面积达4.5万平方米。广场建设初衷是为了纪念香港回归。星海广场背靠都市，面朝大海，空气清新，环境优美，广场绿草成茵，航标石柱灯一路竖立，直通大海，宁静而致远。

亚洲最大的城市广场，原来是一个废弃盐场，来星海湾游玩的游客们，如果不是亲耳听说，一定难以相信。曾经，这里不仅是废弃盐场，还是“烂泥滩”“垃圾场”。星海湾这个富有诗意的名字，在20年前可不像现在这样受欢迎。那时，很多排污口令星海湾污水横流，一起大风，周围几百米都能闻到腥臭、腐败的味道，海边还可以随处见到被海浪冲上岸的裙带菜和海带，不仅没有绿油油的光泽，反而是黑黑的颜色，并有难闻的气味。离巨大的排污口不远，是大连的垃圾回填场和废弃盐场，一度是大连污染最严重的地区。那时候的星海湾，不仅没有游人，连附近的小孩子，也极少到这里玩。

1993年7月，大连对于这块顽疾之地，终于准备做一番整治，并于1997年6月30日香港回归祖国之前竣工。

曾经住在这里的人，再次返回时，发现原来的破败、陈旧、腥臭早已被整洁、优美、诗意所取代，星海湾只用了4年时间，就完成了华丽的转身，变成了大连人的后花园。这个“浪漫神话”，同大连人的勤劳勇敢和勇于开拓的精神，是密不可分的。

星海湾著名的音乐喷泉，是广场的中心所在，往南就可以望见大海，往北是星海会展中心，也是大连的标志性建筑，大连国际服装节、东北商品交易会、烟花爆竹节等大型活动都曾在这里举办。广场中心有些游客可能会觉得眼熟，那是模仿什么建筑呢？原来，它是仿造北京天坛的寰丘设计，气势相当宏

广场雕塑

大，星海湾还有全国最大的汉白玉华表，寓意中华九州。除了这些，附近的星海湾城堡贝壳博物馆、大连现代博物馆等，为广场增添了不少文化气息。走在星海广场，不少有些年纪的大连人仿佛走在时空隧道漫步。这个见证了大连发展的海滨广场，对所有游客展开了欢迎的怀抱，值得每个大连人自豪。

120

广场景观

门票：免费。

开放时间：全天开放。

交通导航：乘坐23路、202路轻轨电车，16路、406路、711路、801路等公交车在星海会展中心车站下车。

中山广场——欣赏欧式建筑的广场

大连中山广场，位于中山区，广场四周装有大型音响，每天准点播放世界名曲，所以又被游人称为“中山音乐广场”。大连中山广场附近的近代建筑群，多数修建于1936年之前，大部分属于当时日本势力的政治、经济机构所在地，是游客在大连欣赏异国建筑的最佳地点。

大连中山广场，已经成为市民健身、城市白领午后休闲的最佳场所。每天清晨，还不见曙光的时候，广场上就开始热闹起来，有打太极拳的，有跳广场舞的，有玩滑板轮滑的，许多白鸽围绕着游人飞起飞落，一片温馨和谐的景象。围绕广场的西式建筑，有罗马式的、拜占庭式的、哥特式的、文艺复兴和折中主义式的等。

广场初建于1899年，当时叫作“尼古拉耶夫广场”（尼古拉耶夫是沙皇尼古拉二世的名字）。那时大连被俄国占领，这个名字，是时任大连市长为了表示对沙皇的忠诚而定的。中山广场的设计布局完全不同于传统的中国方格式建筑布局，而是莫斯科式的辐射式布局。在广场建设之初，东青泥洼村中心就在这里，这里相当的荒凉，连一条好点的道路都没有。俄国规划好这个广场的整体布局，设计图纸也准备好了，却没能完成广场的建造。日俄战争之后，日本人强占大连，将广场改名为“大广场”，并在广场中心建起了一座都督大岛义昌的塑像。1906年起，日本人根据沙俄原来的设计方案，在广场四周建成了一系列欧式建筑。包括日本横滨正金银行、大清银行大连分行、东洋拓殖株式会社大连支店、交通银行大连分行、大连民政署、大连市役所（市政府）等九座建筑。这九座建筑，气势恢宏、风格各异。

横滨正金银行坐落在中山广场9号，由日本人太田毅设计，属于文艺复兴后期的建造风格，并吸收了拜占庭式建筑的特点。该建筑最特别之处在于顶上方的三个绿色圆形穹顶，中间大而两边小，造型相当别致，远远望去，像三个绿

广场周围的建筑

大连中山广场近代建筑群

大清银行大连分行旧址

色的火炬，点亮在半空中。日本投降后改为苏联远东银行，今为中国银行辽宁省分行。

中山广场2号原是大连民政署，这座哥特式建筑也由日本人设计，砖木结构，整个建筑设有浮雕和石刻、白色连卷式门楣和三角形山花，上层窗用柱式划分。大连从日本侵略者手中解放后，先后为大广场警察局和辽宁省外经贸合作厅办公楼。

东洋拓殖株式会社旧址坐落在中山广场6号，始建于1935年，1936年竣工。建筑采用西洋古典主义欧式建筑，温馨可人的色彩中透漏着西方古典时代的脉脉温情。日本殖民时期，此处主要从事不动产和企业金融业务，兼营果园管理、畜产开发、棉花栽培、水田开垦等业务。新中国成立后，这里曾作为中共旅大市委的办公楼。现在这里是交通银行大连分行。

中山广场8号的人民文化俱乐部建于1950年，它的结构造型与其他的欧式建筑在风格上相当协调，建筑正上方有郭沫若题写的“人民文化俱乐部”镏金大字。1953年2月，周恩来总理率中国政府代表团慰问驻旅顺的苏军代表团，在这里举行联欢大会。20世纪90年代，俱乐部进行了较大规模的改建和装修，每年大连的新年音乐会等许多中外文艺演出都在这里举行。

门票：免费。

开放时间：全天开放。

交通导航：可乘坐15路、16路、19路等公交到达。

人民广场——沐浴百年风雨

大连人民广场总面积12.5万平方米，其中草坪面积4万多平方米，草坪的静态景致和喷泉的动态景致有机结合。人民广场是大连行政中心所在地，北面是大连市人民政府，东西分别是公安局、法院和检察院。

大连人民广场最著名的当属大型音乐喷泉。音乐喷泉很多城市都有，而这里的与众不同之处在于水帘走廊。音乐喷泉的主喷泉是欧式建筑，大水池面积890平方米，长70米、高6米。每当池水溢出的时候，在水帘下的走廊漫步，边观水景，边听水瀑声，着实惬意。此外，两侧的次喷泉和其他广场喷泉可以呈现出涌泉、高泉和跳泉等奇妙景观，可以随着音乐节奏变化出20多种水形，令游人叹为观止。

俯瞰人民广场

在人民广场可以看到著名的女骑警。这个世界第一支成编制的女子骑警队，不仅带给人美的欣赏，还带给大连人一种欣欣向荣的精神，反映了大连不断进取的城市精神。

在大连人民广场，还可以见到别地见不到的“槐花灯”。槐花灯是仿造槐花的颜色和形状设计的。槐花虽然不是大连的市花(月季才是)，然而槐花确是大连最广为人知的。大连也被称为“东方槐都”。

大连人对槐花有着特别的感情。槐树在暖温带半湿润的季风气候和海洋性气候的影响下，生长茂盛。每年六月，在南方的槐花将要谢幕的时候，大连的槐花随即登场。它那圆锥形的白色小花如同精美的吊饰一般，一串串垂挂在枝条上，随风摇曳，将大连的许多街道装点成一片白色的海洋。

在老一辈人心中，槐花还有一段令人值得骄傲的历史。

1946年，抗战刚结束。旅大地区由苏军接管，国民党于是对这一地区实行了经济封锁。刚刚告别了日本殖民统治的压迫，新的阴云又笼罩在大连人的头顶。食物的短缺让许多人食不果腹，这时，漫山遍野的槐花帮了大忙。花期很长的槐花成了充饥的一部分，槐花包子、槐花饭、槐花窝头、槐花饼，这些帮大连人度过了饥荒。60年代，三年自然灾害中，槐花也同样帮助老百姓度过了难关。

现在的大连，被世界环境组织评为“最适合人类居住的城市”，大连人的生活水平有了极大地飞跃，城市建设也日新月异，然而，大连人不愿忘了那艰难的岁月。“槐花大道”“槐花社区”“槐花谷”，还有“槐花宴”……槐花已经成为大连城市文化的一部分。来到人民广场的游客，在注目美丽的女骑警、壮观的音乐喷泉、肃穆的升旗仪式的间隙，可以好好欣赏一下最特别的“槐花灯”，感受槐花带给你的美丽、魅力。

音乐喷泉美景

开阔的人民广场

门票： 免费。

开放时间： 全天开放。

交通导航： 乘坐15路、16路、19路、303路、405路、409路、505路、513路、532路、533路、534路、702路、703路、708路、710路等公交车在人民广场站下。

港湾广场——纪念郑和的荣光

大连港湾广场面积1.5万平方米，位于中山区人民路的尽头，不远处就是大连港客运码头。港湾广场作为大连的交通景观广场，既是景点，也是疏导交通的一个中心，是大连别具一格的特色广场。

一听到港湾广场的名字，就知道和大连的海港有关。为了突出大海和港湾的特点，广场景观特意设计了许多海洋元素，不少与大连港息息相关。广场中最引人注目的当属中心的主景雕塑——古战船。古战船下面，用大型喷泉模仿了战船在大海中乘风破浪的情景。喷泉的周围，绿地中抽象的图案绝佳地表现了大海中的波浪，令人仿佛感受到真正置身海上的心潮澎湃。

港湾广场的主题是为了纪念郑和航海的伟大壮举。郑和的家族，原本是元朝云南的贵族，世代信奉伊斯兰教。郑和的贵族家庭，虽然谈不上极为富有，但颇有冒险精神。郑和的父亲和祖父曾不远千里，到圣城麦加朝拜，这在当时的中国人中是很少的。郑和同他的父辈、祖辈一样，有着很强的冒险精神，并且，他知识渊博、具有雄才。明成祖朱棣很赏识郑和的才能，并把航海外交的重任交给了他。这是中国自古以来从未有过的大探险，非一般人可以做到，郑和以他出众的才能、坚忍的意志、顽强的信念完成了这一壮举。当时的东南亚，爪哇(现在位于印度尼西亚)和暹罗(现在的泰国)是最为强大的两个国家，它们四处挑衅，东西招摇，严重地威胁了东南亚地区的稳定，也直接影响到中国的南大门。郑和的出海，是和平之旅，也是友谊之旅，经过他的外交，团结了绝大多数东南亚国家，并且稳定了东南亚的局势。

郑和一生中共下西洋七次，多是从苏州的刘家港出发，并没有从大连启程过，为什么大连会以港湾广场来纪念郑和呢？其实，港湾广场真正想凸显的是一种进取、奋斗、开放的精神。众所周知，郑和的七下西洋是一种国家行为，既彰显了国家实力，又体现了一种积极对外开放的宽广胸怀。在港湾广场，细

造型独特的港湾广场

致的设计令行人游人在哪个角度都可以欣赏壮观的古航船，诸多的植物丝毫不妨碍广场附近的交通视线。颇有层次感的广场装点非常有新意，一定会让初次到来的游客大饱眼福。

门票：免费。

开放时间：全天开放。

交通导航：景点位于菽庄花园内。乘渡轮至鼓浪屿观海园码头上岸，步行几分钟即到。

对开航班：早高峰 07：00—08：30（每10分钟一班）中午高峰11：30—12：30（每10分钟一班）

下午高峰：13：30—14：30（每10分钟一班）晚高峰 17：00—18：30（每10分钟一班）

其他时间每15分钟一班。

奥林匹克广场——刘长春的故事

奥林匹克广场位于大连市西岗区，广场是为纪念大连建市100周年而兴建的。广场主题是弘扬奥林匹克精神和纪念中国参加奥运会的第一人——刘长春。

并不是只有成功者才有资格被称为英雄。怀揣梦想并为之奋斗牺牲的每个普通人都可能成为英雄。1932年，刘长春接受张学良的资助，孤身一人前往美国洛杉矶代表中国参加第十届奥林匹克运动会，作为中国参加奥运会的第一人，刘长春为中国的体育事业、奥林匹克事业翻开了新的篇章。

刘长春1909年出生于大连甘井子区，擅长短跑，1932年毕业于东北大学体育系。这年的7月，充满了对体育事业的热爱，并抱着为中国人争口气的想法，刘长春冒着生命危险从上海出发，冲破当时日本侵略者的封锁线，乘坐远洋轮船不远万里来到美国。

在这届奥运会上，参赛的唯一一个中国人，因为多日的旅途颠簸、休息不佳，最终未能获得名次。然而，对自己充满信心的刘长春，四年之后又参加了

中国奥运第一人刘长春

奥林匹克广场远景

第十一届奥运会——柏林奥运会。这次的遭遇同上次一样，也是遗憾的未能获奖。不过，这并不是他个人的失败，而是旧中国国力衰败、体育事业落后的一个剪影而已。试想，当时有多少像刘长春这样热爱体育却不能发挥一技之长的有志青年呢？

极为遗憾的是，刘长春1983年去世，在生命的最后一刻，也没能等到中国的第一块奥运金牌。1999年，在大连建市百年、刘长春出生90年后，国际奥委会主席萨马兰奇先生亲手在大连的人民体育场北侧，为广场基石添上了第一锹土，大连奥林匹克广场正式落成。

大连是闻名海内的“田径之乡”“足球之城”，奥林匹克广场在这里落成实至名归。这个广场，不仅是奥林匹克精神、刘长春精神的弘扬之地，也是大连城市精神的展示平台，每到足球赛季，即使不是足球迷，在广场附近的体育场里都会被大连人对体育的热情所感染。广场的北部，矗立着奥运会的五环标志，广场也是由象征五环的五个大圆组合而成的。在广场的东西两侧，各有一个约800个喷头的超大音乐喷泉，仿佛两只高高举起的巨手，把五大洲的标志托举起来。除此以外，周边的各种娱乐休闲场所很多，购物、餐饮等一应俱全，游客们如果想感受足球城独特的文化和无限活力，不妨来奥林匹克广场看看。

门票： 免费。

开放时间： 全天开放。

交通导航： 乘坐4路、11路、15路、16路、19路、23路、24路、709路、801路公交车可到达。

海之韵广场——海韵与雕塑的浪漫

海之韵广场位于大连海滨风景区的最东部，两面临海，北边与中山区相接，西南为棒棰岛景区。广场风光秀丽，景色旖旎，海岸线长约1 200余米，以山峰、森林、碧海、草地等自然景观为主要特色。

海之韵广场是大连唯一的临山观海广场。这里也是全国范围内超现实风格雕塑最多、最大的广场。海之韵广场是大连滨海路北段的入口，与海之韵公园相连接，与星海广场遥相呼应。广场中心的五根曲折起伏的白钢管，造型犹如长龙，长19.9米，象征着大连建市100年（至1999年9月），21只海鸥象征着展翅飞往21世纪的现代大连。这些充满着海洋的元素在广场比比皆是，也因为这样，才有了“海之韵广场”这样一个颇有诗情画意的名字。

人类从哪里来？人与自然如何和谐相处呢？在海之韵广场，游人们也许能够找到自己的答案。有个场景雕塑中，无数怪异形象的图腾，营造出一个远古的世界，仿佛人类最初的精神家园。那里有海草建成的海边小屋，成片的木杉树林，还有简朴的木栅栏和一个少女。这个少女雕塑据身形和体貌特征分析，应该是一个原始人类。她身材窈窕，头顶一只水罐，表现出人类最朴素的原始美。这个少女的身边，还有脸型类似金刚的古代男性，以及鸟嘴人形、大蜥蜴、啄木鸟等各种古代图腾。

民族的、异域的、历史的，各种题材的雕塑作品使海之韵广场充满了各种风情，游人想在短短的一两个小时内，逛遍整个广场，几乎是不可能的事情。有许多颇具艺术性的雕塑，值得游人细细赏玩。

在广场中心，有瀑布。那壮观的人造瀑布落差达到60多米，在与湖面猛烈冲击后，化为平静的湖水或者飞溅的水珠，消失不见了。站在这里的每个人，所有的烦恼似乎都跟着奔流的瀑布远去，心中只留下那奔流的影像，豪迈、壮阔。

友好广场——祥和、吉祥的象征

友好广场是为纪念中苏友好而命名的，见证着大连历史蓬勃发展的时代。

大连有一颗美丽的明珠。当夜幕降临之时，它就会发出各色灯光，流光溢彩，光芒四射，梦幻迷人。它就是大连的标志性建筑之一，毗邻大连市中心商业娱乐区友好广场内的巨大水晶球。水晶球重117吨，直径为15米，表面由3 120块镀膜和透明玻璃围合而成，内有红黄绿彩色灯7 852只，由计算机程序控制，夜晚变幻着各种绚丽的色彩，能产生旋转的效果。托起水晶球的是黄、黑、红、白、棕五种颜色的巨手，象征着五大洲各族人民友好相处，共同建设一个星球，合力托起大连这颗美丽的明珠。它是祥和、吉祥的象征。

友好广场是见证并演绎大连蓬勃发展的象征。这是一个圆形封闭性环岛广场，广场东北部是一座欧洲教堂式的建筑，暗红色的墙面和尖尖的楼顶都为这座现代感十足的广场增添了一份古朴和典雅。广场四周有许多电影院和娱乐场所及西餐厅。

友好广场的夜景的确是大连最美的，如果没有在这里留影的话，不能算是体会到了北方明珠的熠熠生辉。白天球成碧绿色，像一块经过精心雕琢的无瑕美玉；夜幕降临时，广场内景同川流的车灯滑过的耀眼轨迹交相辉映，烂漫的霓虹灯让这广场散发出一份奢华、一丝浪漫。

门票信息： 免费。

开放时间： 全天。

交通导航： 可乘坐15路、16路、19路、23路、30 路、409路、531路、534路、701路、702路、901路到友好广场下车即到。

第6章

海畔美食之旅

大连鲍鱼——古称“千里光”

大连是中国皱纹盘鲍的主产地。皱纹盘鲍俗称四孔鲍和鲍鱼，是鲍科中的优质品 种，素称海味之冠。

鲍鱼又称 “大鲍”“九孔螺”，古时叫“鳆”或“鳆鱼”等，其拉丁文名可译为“海耳”，英文名可译为“耳贝”。产地大多集中在澳大利亚、日本、墨西哥、加拿大、朝鲜、南非、新西兰、韩国和中国的大连、台湾、福建、汕尾、湛江等国家和地区的附近海域。有“土生鲍”和“养殖鲍”之分。“土生鲍”的肉质和味道都较“养殖鲍”鲜美得多。

鲍鱼在鲜活时，外表有一层黝黑的胶质，用手抚摸十分柔软。原来，鲍鱼在水中爬行时，是利用触角与腹部的收缩而产生推力，外表的胶质是减少摩擦以便顺利滑行。所以，假如鲍鱼死后，黝黑色的胶质就会褪去，肉质便会慢慢显得雪白，行内称之为“白板鲍鱼”。如此鲍鱼，肉质趋硬，体质组织起了变化，本身浓郁的香味便会消失，吃起来也就淡而无味了。2000多年前的《史记·秦始皇本纪》记载鲍鱼死后的味道：“会暑，上辒车臭，乃诏从官，令车载一石鲍鱼，以乱其臭。”就是以鲍鱼掩盖秦始皇的尸臭。清洗鲜鲍鱼，可先用刷子刷洗其壳后，将鲍鱼肉整粒挖出，切去中间与周围的坚硬组织，以粗盐将附着的黏液清洗干净。活鲍鱼在清洁处理后，一般不需刻意烹调，就可品尝到其绝佳的风味，其中以“沙西米”生吃法较为普遍，也有整粒炭烤与白灼的烹饪方式。中医称鲍鱼功效可平肝潜阳，解热明目，止渴通淋；主治肝热上逆，头晕目眩，骨蒸劳热，青盲内障，高血压眼底出血等症。

大连是我国开展人工鲍鱼养殖生产最早的地区。沿海岛屿众多，礁石林立，气候温和，饵料丰富，很适合鲍鱼栖息和繁衍。这里所产的鲍鱼占全国产量的70%，又称“皱纹盘鲍”，属底栖性动物，喜欢生活在水质透明度较高，

大连鲍鱼

大连鲍鱼菜

底层营养丰富的岩礁带，具有昼伏夜出的特点，主食褐藻类和绿藻类。其营养价值很高，肉为著名的珍味佳肴，壳称石决明，入中药有明目退翳之功效，古书又称之为“千里光”。石决明还有清热平肝、滋阴潜阳的作用，可用于医治头晕眼花、高血压及其他炎症。

鲍壳那色彩绚丽的珍珠层还能作为装饰品和贝雕工艺的原料。鲍鱼营养丰富，价格很高。在古代，它是历代封建王朝的贡品。欧洲人把鲍鱼当作一种活鲜食品，誉作“餐桌上的软黄金”。中国在清朝时期，宫廷中就有所谓“全鲍宴”。据资料介绍，当时沿海各地官员入朝时，大都进贡干鲍鱼为礼物，一品官吏进贡一头鲍，七品官吏进贡七头鲍，以此类推，鲍鱼与官吏品位的高低挂钩，可见其享有“海味之冠”的价值。

咸鱼饼子——农村包围城市

咸鱼饼子是北方沿海特色小吃，属中国东北菜。渔家风味，鲜咸美味。

咸鱼饼子是大连独具特色的小吃。它不仅鲜美可口，带有海的味道，且经济实惠，深受人们的喜爱。

大连三面环海，早期的人们便靠海吃海，以捕鱼为生。为了早点靠岸卖出海货，渔民必须早出海，中午的一顿饭只有在海上吃了。咸鱼饼子便于携带，吃着方便，就成了首选之物。相对于一般市民来说，以前东北地区的冬季新鲜蔬菜少，只有白菜萝卜，调剂菜肴时，经济实惠又随处可买的小鱼儿就成为家庭主妇的主材料，家家户户每年都要盐渍和晾晒一些咸鱼。咸鱼加苞谷面饼子成为最佳组合，家中吃饭、外出带饭都少不了，并渐渐走上街头，成为著名小吃。

咸鱼饼子从农村流入城市，现在大连市所有大饭店小馆子都吃得上。鱼是秋天的海鱼，巴掌大小的黄花、棒鱼，放上姜葱盐腌，腌好后再用油煎得焦黄。饼子是陈年的苞谷面掺了豆面白面发出的，把大锅烧上水，饼子贴在锅四周，翻身烙黄烙熟，即可。

苞谷又叫玉米，是世界公认的“黄金作物”，性平、味甘淡，一般人均可食用。其磷元素、脂肪、维生素B_2的含量居谷类食物之首。玉米面中含有维生素E和亚油酸，能使人体内胆固醇水平降低，从而减少动脉硬化的发生。玉米面中的钙、铁质，可防止高血压、冠心病。它还含有丰富的谷胱甘肽，是一种抗癌因子，在人体内能与多种外来的化学致癌物质相结合，使其失去毒性，然后通过消化道排出体外。

大连焖子——不同凡响的凉粉

大连焖子是大连最著名的小吃之一，金黄油亮，香辣扑鼻，颇有余味。

用地瓜、土豆等加工出来的淀粉熬制而成的半成品，切成不大不小的块状，放在平底锅上焖煎，这便是焖子了。焖子在煎的过程中，锅底需放油，还得往上面淋油，不断地铲锅。焖子出锅，里面软软糯糯，外面脆脆黄黄，鲜嫩而有嚼头。如果在煎焖子的时候，用大连当地产的鱼油、虾油往上一浇，再加上扇贝丁、蚬子肉、虾仁儿等大连海货一拌，就成了正宗的大连特产——大连焖子，其散发出的浓郁香味具有海鲜的味道。

用油多少是影响味道的决定性因素之一，油不能太少但绝不可以太多。太少容易煳锅底，而太多会使焖子四面都是层焦焦的、酥酥的东西。一般要用一个小扁刷均匀地把油涂匀，然后拿起一大块生焖子放入锅中，用铲子把它边铲边压碎成小块，块越小越好，但是绝不可以用刀切，否则风味尽失。炒焖子的火候也是一大关键，火不能太大，时间不能太短，否则焖子容易炒不透，外面看着好了，但里面是实心的，味道大打折扣。最好是用烧煤的大炉子滋润着炒，等炒到焖子从内到外都变成淡黄色，通体晶亮透明，软软的，糯糯的，上下都变成黄灿灿的，一阵阵异香扑鼻而来，才可以出锅。而吃焖子必不可少的调料有三样，兑好盐的蒜汁、芝麻酱，还有酱油。

这道菜几乎与大连这座城市是同时诞生的，据说当年山东人闯关东，在大连周边地区广种高产的地瓜。他们便结合大连的特色发明了大连焖子这道菜。现在吃焖子基本上都用方便筷子夹，而多年前，人们还是用自己“窝”的铁丝去叉。它物美价廉，在大连的每一个角落飘香。

清蒸加吉鱼——食苑中的一朵奇葩

加吉鱼又叫班加吉、铜盆鱼、鲷鱼、加真鲷。“清蒸加吉鱼”，原汁原味，鲜嫩爽口，久食不腻，常作高档筵席之大件菜。

加吉鱼分为红加吉和黑加吉两种，红加吉的学名叫真鲷，黑加吉即黑鲷。属于鱼纲，鲷科。体高侧扁，长50厘米以上，体呈银红色，有淡蓝色的斑点，尾鳍后绿黑色，头大、口小，上下颌牙前部圆锥形，后部臼齿状，体被栉鳞，背鳍和臀鳍具硬棘。中国沿海均产，但以辽宁大东沟等地的品质最好。

据说加吉鱼实行“一夫多妻制”。它们一般以一二十条组成一个大家庭，由一个雄鱼为“一家之主”，其余的都是它的妻子。如果雄鱼死了，“妻子”们便会悲伤地在它的周围游动着。游着游着，其中一条体魄健壮的“妻子”由雌性变成了雄性，充当“一家之主”，带领众“妻子”开始新的生活。

加吉鱼自古就是鱼中之珍品，民间多用它款待贵客。清朝年间，学者郝懿行在《记海错》中云：“登莱海中有鱼，厥体丰硕，鳞髻赦紫，尾尽赤色，啖之肥美，其头骨及目多肪腴，有佳味。”加吉鱼在海中主要摄取贝类及甲壳类动物为食，其肉质坚实细腻，白嫩肥美，鲜味醇正，尤其是头部，因多含胶质而醇美无比。民间流传着“加吉头，巴鱼尾，刀鱼肚皮鲕鱼嘴”的谚语，言海中鱼类，以此四物最美。清蒸加吉鱼是一道补虚养身健脾开胃的菜，本味鲜咸，原汁原味。吃时蘸食姜末、醋碟，味道更好。肉吃完后再以鱼的头尾和骨入汤，二次上席，还可开胃醒酒，胜过全鱼。这种独特的吃法在其他菜中很是少见，可谓食苑中的一朵奇葩。

五彩雪花扇贝——最诱人的颜色

五彩雪花扇贝是大连的特色菜品之一，以扇贝为主要材料，烹饪以蒸菜为主。颜色绚丽多彩，咸鲜爽口，受到人们的喜爱。

扇贝是扇贝属的双壳类软体动物的代称，有400余种，多见于潮间带到深海。壳呈扇形，蝶铰线直，两端有翼状突出。长2.5～15厘米。壳光滑或有辐射肋，肋光滑、鳞状或瘤突状，色鲜红色、紫色、橙色、黄色到白色。下壳色较淡和光滑，有个大闭壳肌。外套膜边缘生有眼及短触手，触手能感受水质的变化，壳张开时如垂帘状位于两壳间。扇贝常见于沙中或清净海水细沙砾中，取食微小生物，靠纤毛和黏液收集食物颗粒并移入口内。其富含维生素B、蛋白质、镁和钾，热量低且不含饱和脂肪酸。人们在食用贝类食物后，常有一种清爽宜人的感觉，助人解除烦恼。常吃扇贝有助于预防心脏病、脑卒中及老年痴呆症。

扇贝

五彩雪花扇贝

怎样来区分扇贝的质量呢？据渔民介绍说：新鲜贝肉色泽正常且有光泽，无异味，手摸有爽滑感，弹性好；不新鲜贝肉色泽减退或无光泽，有酸味，手感发黏，弹性差。新鲜赤贝呈黄褐色或浅黄褐色，有光泽，弹性好；不新鲜赤贝呈灰黄色或浅绿色，无光泽，无弹性。不要食用未熟透的贝类，以免传染上肝炎等疾病。

在扇贝中有两种类型的肉，一种是扇贝的内敛肌，呈白色，很有肉感；另一种则是分布在内敛肌周围的肉，红色且很柔软。通常，扇贝中的肉只取内敛肌作为食材，而周围红色的肉则被丢弃。在西方的食谱中，扇贝通常的处理方式是通过黄油煎制，或者裹上面包粉一起炸。在食用时配以半干白葡萄酒。有的会把扇贝加入乳蛋饼中食用，或者煎熟后作为开胃菜食用。日本人喜欢将扇贝配上他们的寿司和生鱼片一起食用。我国东北以蒸为主，还给它取个好听的名字——五彩雪花扇贝。

五彩雪花扇贝的做法历史悠久，它是大连主要的特色菜。用蛋清制作辅料像银白色的雪花一样镶嵌在颗颗犹如珍珠的扇贝周围，再用时令的菜叶、辣椒、胡萝卜等摆成各式图案来做装饰。做出的菜五彩缤纷，质嫩味鲜，清淡爽口，食而不腻，很有辽宁小吃特色。

蛎羹汤——大连海鲜汤的代表

砺羹汤是大连的特色菜之一，是一道美容养颜的食物，气血虚亏的人喝这个汤最好，羹烫浓郁味道鲜美。

牡蛎，属牡蛎科或燕蛤科，双壳类软体动物，公元前即已养殖以供食用。牡蛎的两壳形状不同，表面粗糙，暗灰色；上壳中部隆起；下壳较大，颇扁，边缘较光滑；两壳的内面均白色光滑。两壳于较窄的一端以一条有弹性的韧带相连。壳的中部有强大的闭壳肌，用以对抗韧带的拉力。壳微张时，借纤毛波浪状运动将水流引入壳内，滤食微小生物。牡蛎多雌雄异体，但也有雌雄同体者。在夏季繁殖，有的种类卵排到水中受精，而有的则在雌体内受精。孵出的

蛎羹汤

幼体呈球形，有纤毛，游泳数天后永久固着于其他物体上。经3～5年后收获。宋代苏颂曰：“今海旁皆有之，而通、泰及南海、闽中尤多。皆附石而生，魂礧相连如房，呼为蛎房。晋安人呼为壕莆。初生止如拳石，四面渐长，有至一二丈者，崭岩如山，俗呼壕山。每一房内有肉一块，大房如马蹄，小者如人指面。每潮来，诸房皆开，有小虫入，则合之以充腹。海入取者，皆凿房以烈火逼之，挑取其肉当食品，其味美好，更有益也。海族为最贵。”

中医认为牡蛎甘平无毒可解五脏，调中益气养血以解丹毒，醒酒止渴活血充饥，常食还有润肤养颜美容功能。《本草纲目》记载：牡蛎肉“多食之，能细洁皮肤，补肾壮阳，并能治虚，解丹毒。”现代医学还认为牡蛎肉有降血压和滋阴养血等功能。牡蛎被视为美味海珍和健美强身食物。

大连湾牡蛎分布于我国北方沿海。在每年的5～6月，当牡蛎生殖腺高度发达而又未进行繁殖、软体部最肥时进行采集。采收时将牡蛎捞起，开壳取肉，洗净晒干。

用牡蛎做的蛎羹汤是一道常见的家常菜，营养美味，老少皆宜。它以牡蛎为主料，先把胡萝卜块、土豆块、葱末放入热锅内翻炒，另外再烧小半锅水加豆腐块煮沸，倒入炒好的胡萝卜跟土豆一起中火煮15分钟后加牡蛎，最后用生粉调汤煮沸即可。这样做出的菜肴，美味可口，营养丰富。

大连虾酱——自古大连一绝

大连虾酱是一种提鲜的佳品，配以大葱和大连特有的咸鱼饼子等面食，味道鲜美。

说起大连虾酱，那是寻常百姓家的美味，虽然不似鲍参、鱼翅那般高贵，但在大连人心中，这就是地道的大连味儿。即使市面上随时能买到鲜鱼活虾，但对这一口儿的喜好依然不变。尤其对那些从困难年代一路走来的老大连人来说，咸鱼、虾酱、咸萝卜干，那是“下饭”的佳肴，是食欲不振时的“良药”，更是对过去穷中有乐、有“滋味”生活的怀恋。

大连虾酱有罐装成品，一般加上一枚鸡蛋，少许葱花、色拉油，上锅蒸熟就着大葱、面饼吃；还有就是虾酱豆腐，加虾酱，少许水，稍微焖一下即可。

大连虾酱从何而来？大连人为何如此热衷虾酱？这就要追溯现在的大连人源自何处了。

据说在闯关东时代，大连是连接南北迁徙的桥梁，山东半岛的移民在大连登陆后，迁移到北方谋生，而一些从北方归来的人也会在大连落脚，因此大连的饮食文化脱胎于齐鲁，但又兼有东北特色。

大连人多数是胶东半岛山东人的后裔。胶东半岛三面环海，与大连的三面环海十分相似，因此胶东移民可以将过去靠海吃海的饮食习惯完全照搬到大连，于是海鲜成了人们日常生活中的主要食材；不过大连地处丘陵地带，并不是粮食产区，捕鱼是人们的主要营生。而捕鱼也分季节，夏季鱼儿游进深海，冬季海面风高浪急，都不适宜出海作业。因此在鱼虾多的旺季，尽可能储备多的海产品，以备鱼类短缺时的不时之需，这是靠海人必须解决的难题。在当时没有冰箱的条件下，要长久地保存鱼虾，办法只有一个——腌制，晾晒。准备一个大酱缸，用豆腐渣和面引子做成“曲子”来发酵缸里的豆子，做菜的时候放点大酱，菜的味道就会鲜美许多。在沿海地区，人们发现小鱼小虾经过发酵之后，味道也很鲜美，于是有了“内地吃大酱，沿海吃虾酱”的吃法。可以毫不夸张地说，在没有味素、酱油的年代，虾酱极大地提升了菜品的鲜度和口感。做好了虾酱，除了传统的蘸大葱吃法之外，虾头酱的主要用途就是当作炒菜时的作料，烧菜放虾酱，那味道十分鲜美浓厚，比味精要好得多。

虾酱作为一种提鲜的佳品，大连很多美味无比的菜肴都有虾酱提鲜的功劳。许多外地人来吃海鲜，都要点名品尝这种地道的大连特色酱。在大连，无论是路边小馆，还是上档次的酒楼饭店，只要经营海鲜，就有虾酱佐餐，它已经成为大连海鲜餐饮中不可或缺的招牌佳品。

第7章

『大连味儿』

贝雕画——工艺美术百花园中的奇葩

贝雕画是巧用各种贝壳的自然颜色和形状，经过设计图稿，精心选料，雕刻琢磨，堆贴组装等工序加工创作而成的。

贝壳的种类很多，色彩和纹理多样，有的还是反光体。贝雕画是以传统的螺贝镶嵌技法为基础，利用贝壳的天然色泽、纹理和形态，借鉴中国画的构图章法，结合牙雕、木雕等工艺，按照图案的设计要求，经过切磨镶嵌雕制而成的。它的画面是浮雕式的，千姿百态、妙趣横生。

据考证，贝壳远在5万年前山顶洞人时期，就被穿成串链作为装饰。5 000~6 000年前，我国沿海地区及其附近岛屿，生活着众多的原始人群。他们依靠海

贝雕画

洋生活，居住的地方后来都堆积有大量的贝丘，贝丘中有蛤蜊、鲍鱼、海螺、长蛎、玉螺等20余种贝类化石，还有许多贝壳上有钻孔，显然曾经作为装饰品使用。1987年在河南濮阳西水坡发现的有关巫觋的墓葬，还发现有三组用蚌壳摆塑的动物。西周时期，人们已将贝壳磨成各种装饰品镶嵌在器物之上，创造了最初的“螺钿”镶嵌工艺。商代到秦代，贝类中的一种，被打磨穿孔后，长期当作货币使用，这就是贝币。春秋战国时期，贝壳被普遍制成腰饰、臂饰、项链、服饰等，甚至还出现了马饰、车饰。春秋战国时期，鲁国的三成将士都用红线穿贝壳做坠饰，以壮军威。秦汉时期，冶炼技术的提高和普及为贝壳的雕琢开辟了新途径。艺人们利用贝壳的色泽，将一种较平整的贝壳磨成薄片，再雕出简单的鸟兽纹图样，镶嵌在铜器、镜子、屏风和桌椅上做装饰，俗称“螺钿”，这种工艺不少地区仍然保留着。

贝雕是我国工艺美术百花园中的一枝奇葩。而大连是我国贝雕的发源地，素有“贝雕工艺摇篮”之称。大连的贝雕画更是具有构图完美，色彩绚丽，形态逼真，栩栩如生的特点。

传统的螺钿镶嵌等贝壳装饰工艺，给大连贝雕艺人以启示。他们在研究中发现，贝壳不仅有表皮的颜色，而且还有各种各样的奇丽的潜伏色。这样，就可以利用贝壳的多种自然色泽和弯度，雕磨成各种山水、花鸟、人物画。因为这种贝雕画区别于用单一的贝壳制作的螺钿镶嵌和用贝壳原形组配的贝雕，所以被称为新兴工艺。大连贝雕画以人物作品见长，如“华夏之光”，生动地描绘了张衡等18位科学家。花鸟贝雕画也具有高雅的风格，宋吉人、王波设计的“引吭三唱”，主题突出，立意深刻。除了贝雕画外，还用它装饰各种台屏、座屏、屏风以及项链、首饰盒、首饰、灯具、座钟等。

近几年来，许多取材于神话故事、古典文学作品和历史人物的大连贝雕画相继问世，如“嫦娥奔月”“百鸟朝凤”“七仙女下凡”“龙凤呈祥”，受到国内外宾客的欢迎，不少作品还被当作珍品收藏。

扇贝——海产珍品

扇贝的贝壳色彩多样，肋纹整齐美观，是制作贝雕工艺品的良好材料；而且其肉质鲜美，可鲜食，是著名的海产珍品。

扇贝是扇贝属的双壳类软体动物，有400余品种。它们有两个壳，大小几乎相等，壳面色彩有红褐色、黄褐色、紫褐色、浅褐色、杏黄色、灰白色等。因贝壳与扇面很像，所以就获得了扇贝这个名称。

扇贝生活于沙中或清净海水细沙砾中，取食微小生物，靠纤毛和黏液收集食物颗粒并移入口内。壳、肉、珍珠层具有极高的利用价值，很多扇贝成为美食。色彩鲜艳辐射状花纹的扇贝还受到收藏者的喜爱，花纹被采纳为艺术品的图案。

在古代扇贝的贝壳曾作为器皿和货币出现在人们的生活中。中世纪时，朝圣扇贝壳的图案成为一种宗教标志。

扇贝为滤食性动物，对食物的大小有选择能力，但对种类无选择能力，其摄食量在夜间最大。扇贝有一个重要的敌害，那就是海星。海星会用腕将其包围，用管足吸附使壳张开，将胃翻出消化其壳内柔软肉体。当环境不适宜时，扇贝还会“搬家”，有时随潮水的流动，能移动较远的距离。幼小的扇贝，移动能力更强。扇贝一般在海水退潮的时候露不出来，所以捕捞它就比较费事了。在我国沿海，捕捞扇贝主要在北方，其中以山东省石岛稍北的东楮岛和辽宁省的长海县长山群岛两个地方最有名。

大连市地处渤海之滨，有着得天独厚的海产品养殖优势，海产品种类繁多，扇贝就是其最著名的特产。大连扇贝的贝壳色彩鲜艳，肋纹整齐美观，将扇贝丁取出晒干后，可制成干贝，味道鲜美，营养丰富，与海参、鲍鱼齐名，并列为海味中的三大珍品。到海边工作、旅行或休养的人们，都很喜欢搜集一些扇贝的贝壳作为送给朋友的纪念品。

香螺——鲜香细嫩

大连香螺大而质厚，是世界上较稀有的海螺品种，其肉味鲜香，肉质细嫩，为人们所喜食。

香螺是贝类动物，软体动物门、腹足纲、新腹足目、香螺科。贝壳近菱形，壳质较坚硬，高134毫米、宽77毫米。螺层约7层，缝合线明显。每一螺层壳面的中部和体螺层的上部扩张形成肩角，肩角的上、下两半部略成直角。在基部数螺层的肩角上有发达的棘状或翘起的鳞片状突起。整个壳面还有许多细的螺肋和螺纹。壳表黄褐色，被有褐色壳皮。壳口较宽大，卵圆形，内面灰白色，有与壳表纵肋相应的突起。外唇弧形，简单，内唇略扭曲，缺乏明显的雕纹。前沟较短宽，前端向背方弯曲。绷带呈纵肋状，有许多细的生长纹。厣角质，椭圆形，核位于基部。肉肥味美，故称香螺。壳坚实而厚，略纺锤形。壳塔圆锥形，螺层约6.5级，体螺层急剧增大。螺层具明显而均匀的螺旋线，有较粗大的纵肋线，缝合线显著，生长线不明显。壳口淡黄色，具粗细不等、深浅不同的棕褐色条纹，壳内面灰白色。

香螺是我国特有的海螺品种，主要分布在黄海和渤海的北部水深10～20米干净的大海里，以裙带菜、紫菜等海藻类为食，以大连沿海岛屿所产者最为有名。香螺大而质厚，大连地区用它加工成的豉油海螺罐头，肉块整齐，肉质细嫩，食味鲜美。大连香螺的营养价值很高，每百克螺肉含蛋白质18.2克，脂肪0.6克，还含有碳水化合物以及钙、磷、铁、维生素等营养成分。其中钙的含量特别高。大连香螺又是一种药用动物：香螺肉味甘、性寒，有清热、明目、利尿、通淋等功效。《本草纲目》说“香螺利湿清热，止渴醒酒，利大小便；治脚气、黄疸。”民间根据香螺有“清湿热、利小便”等作用，常用于治疗小便不畅、黄疸、中耳炎、痔疮等症。但因香螺为性寒之物，故有脾胃虚寒之人不应多吃。

香螺肉

香螺

大连香螺是深受大连人喜爱的海珍品，是喜庆节日和招待宾朋的主要海鲜。

大米原浆酒——好酒不怕巷子深

大米原浆酒属米香型白酒，它运用现代科技微生物发酵技术酿造，经发酵、蒸馏、贮存、老熟精酿而成，原汁、原色、原味。

大米原浆酒是以大米为原料酿制的完全不勾兑的原始酒液，选用大米和山泉活水为原料酿造而成。其特点是酒色微黄透明，幽雅纯净、绵甜醇厚、蜜香清柔、回味怡畅，不辛、不辣、不冲，给人以朴实纯正、爽冽纯醇之美感，具有独特的米香风格。

史载唐朝李世民拜大将薛礼为帅，亲率百万大军征东。时值阳春三月，来到辽南一山区，但见这里奇峰连绵，古林遮天，沟外青山吐翠，沟内冰封雪飘，李世民见此奇景，叹为观止，命大军驻扎于此，即命名“兵御沟”，又称“冰峪沟”，一直叫到今天。传说当时大军人困马乏，又饥又寒，李世民焦虑不已。忽见一白须老者，率众百姓抬酒坛若干至大营拜见，并曰：“此乃祖传家酿美酒。”李世民命三军同饮，该酒不但入口绵甜，香浓馥郁，味纯醇厚，暖胃畅怀，而且喝后疲劳尽消，精神抖擞，全军声势大振，不久之后便一鼓作气，直捣犯兵老巢，成功收复辽东。李世民大喜，亲口赐封此酒为“兵御酒”（另一说为“冰峪酒”）。他认为这是隐居在大山深处的神仙赏赐的琼浆玉液，帮他渡此难关。据说，唐太宗李世民深爱此酒，登基后还多次派人到此专寻此酒，当地百姓以此为荣，严守秘方，世代相传。此绝世佳酿，便是今天的大米原浆酒的前身。

今天的大米原浆酒，是大连天门山酿酒有限公司在古传秘方和传统酿造工艺的基础上，将现代高科技和微生物发酵技术融合进来，选用大连冰峪当地盛产的绿色精致大米和天然山泉水为原料，提取大米中人体必需的多种氨基酸、蛋白质和营养成分，以其独自创造的配方和工艺，精心特酿的米香型白酒。它集多种酒的口味、口感为一体，酒质更浓，米香纯正、清雅，入口绵甜、落口爽净、回味怡畅，该酒健康、营养、美味，饮后口中无酒气。

大米原浆酒

大连工艺绣品——匠心独运

大连工艺绣品分为机绣工艺绣品和抽纱工艺绣品两大类，是中国艺术宝库里的一朵绚丽之花。

用针将丝线、纱线或其他纤维以一定图案和色彩在绣料上穿刺，缝迹构成花纹装饰的织物称绣品或刺绣，是中国优秀的民族传统工艺品之一。中国是世界上发现与使用蚕丝最早的国家，人们在四五千年前就已经开始了养蚕、缫丝了。随着蚕丝的使用，丝织品的产生与发展，刺绣工艺也逐渐兴起，据《尚书》记载，在四千前的章服制度，就规定“衣画而裳绣”。宋代时期崇尚刺绣服装的风气，刺绣已逐渐在民间广泛流行，促进了中国丝绣工艺的发展。

大连人在继承中国工艺绣品的基础上以其独特的北方风格和特色享誉国内外，其主要分为机绣和抽纱两种工艺绣品。机绣工艺绣品在保持了传统工艺的同时，汲取现代艺术的特点，采用艳、素、雅相互贯通融合的手法，使其绣品起到色泽鲜明的效果，并且利用复杂多变的线色，由里及表、由深及浅，层次分明，色彩丰富。绣出的产品具有平、匀、齐、活、光、净等特点，特别是像“挂屏”等一些高级欣赏品，形象逼真，呼之欲出。其他如台布、枕套、被罩套、围裙等，也都很有特色。抽纱工艺绣品的特点是用料考究，针法绝妙，融古代绘画风格和国外造型艺术于一体，具有艺术感染力。其他如刁绣、垫底绣和各种抽丝工艺以及扣空锁绣等各种手法与技巧都十分别致，匠心独运。如今，大连工艺绣品畅销国内外，声誉卓著。

红灯樱桃——水果中的钻石

红灯樱桃被誉为“水果中的钻石”，属于早熟大果型樱桃新品。该品种具有个头较大，色泽艳丽，果肉肥厚，多汁味甜，成熟期较早的特点。

樱桃是蔷薇科植物樱桃的果实，是上市较早的一种乔木果实，号称“百果第一枝”。据说黄莺特别喜好啄食这种果子，因而名为“莺桃”。其果实虽小如珍珠，但色泽红艳光洁，玲珑如玛瑙宝石一样，味道甘甜而微酸，既可鲜食，又可腌制或作为其他菜肴食品的点缀，备受青睐。

红灯樱桃是大连市于20世纪60年代选用世界著名中晚熟优良品种那翁（又名黄樱桃）与风味品质好的黄玉（猕猴桃的一种）杂交而成。1973年定名为“红灯樱桃”。

红灯樱桃树的幼树当年叶丛枝一般不形成花芽，随树龄增长转化成花束状短果枝。树的年龄越大，其成花率越高，一般四年生树开始结果。初果期年限长，中长果枝较多。盛果期以莲座状结果枝和短果枝结果为主，莲座状结果枝连续结果能力强，花芽大而饱满。适宜授粉的花呈红蜜、佳红、滨库、巨红、大紫色。果实发育期40～45天，继大紫之后成熟。结出的果实富有光泽，色泽艳丽，外形美观。果肉淡黄、半软、汁多，酸甜适口，且核大，离核，肉质肥厚。在大连地区6月9日至15日果实成熟。

紫海胆——无脊椎海珍品之一

紫海胆，又称刺锅子。壳上密生褐色或紫色石灰质硬棘，硬棘强大，末端尖锐，长3～4厘米。整个海胆外貌宛如缩成一团的刺猬。

紫海胆生活在浅海区或礁石之上，多栖息于从潮间带至180米水深处。白天躲在岩缝中休憩，夜间外出觅食，以海藻幼体为食，因而常损害海带、紫菜等海藻类生物。

大连拥有辽阔的海域，水产资源异常丰富，到大连旅游吃海鲜是很多外地游客的主要目的。在大连众多海鲜中，紫海胆是非常受到游客欢迎和喜爱的。

大连紫海胆，俗称“刺锅”，是海洋中无脊椎海珍品之一，产量占全国同类产量的95%以上。它有一个半球形紫灰色的石灰质硬壳。直径6～7厘米，最大可达10厘米。壳体分为10个布带，很像南瓜。其中5个带有小孔，管足从中伸出。紫海胆的食用部分为其生殖腺（海胆卵）。它在海胆体内排列似五角星状，颗粒分明，颜色橙黄，甚似小黄米的就是海胆黄。其性腺鲜美可口，可鲜食、煮食或汤食，色泽鲜艳，味道纯正，营养丰富，可与海参、鲍鱼相媲美。其壳可入中药，对医治淋巴结核、积痰不化、胸肋胀痛、胃肠溃疡、甲沟炎等有特殊疗效。

大连紫海胆已是大连市人们宴席上一道极鲜美的海味名菜。大连、旅顺、海洋岛和大、小长山岛都有出产。

第8章

名山秀水净修心

清泉寺——古朴与敦厚之美

位于大连普兰市星台镇葡萄沟村的清泉寺，又叫吴姑城庙，建筑面积1 700平方米，庙宇坐西朝东，依山坡之势逐层递高，形成三升三降式的六座大殿，前后落差70米，处于高大的古银杏绿荫包围之中，被誉为“辽南第一寺”。

清泉寺虽为佛教寺院，却集佛、道、儒三教为一体。进入山门，花岗岩门楣阴刻“一洞天”大字，朱门上镌刻“明齐日月、星合乾坤”楹联，汉白玉诗屏形成巨大影壁。寺内正中有个一人多高的青铜古鼎，香火缭绕，两旁分别建有对称式的钟楼、鼓楼，院内边侧立有清道光二十一年的石碑。大殿（两座大殿）中间高、两侧低，分别供奉龙王、药王。由此踏上台阶，分立左右的两殿为楼阁飞檐式对称，供奉玉皇大帝和太上老君。由两阁间的数十米的石阶上去便是寺院内最高、最大的庙宇圣母殿。

关于清泉寺的来历要从唐贞观年间说起。据说在贞观二十一年，唐太宗李世民曾定下再次征东的路线，命左武卫大将军牛进达为青丘道行军大总管，率师自莱州渡海，直取辽南。牛进达率师自莱州渡海，于狮子口登岸，大战黑风关，拼杀榆林要隘，经李兰铺，迤逦北上。主力兵师过大营子，直扑龙原。七月，兵抵石城，斩敌数千，班师还朝。时值辽南持续“不雨”，有时竟下泥沙。他不得不派“游骑”沿途先行“寻水”。一“游骑”回报说，在“环山皆埒”的古营垒发现清泉。牛进达飞马前来察看，果然“翳于奥草，有泉焉”，而且“泌之洋洋，可以乐饥”。牛进达下马跪拜，“谢况于天”，便在这里安营扎寨，并在清泉旁“堙堞以祭”。他见周围青山秀水，故修下佛寺，借净源甘泉之美，命名为“清泉寺”，是辽南地区保存最完整、最古老的古刹，堪称“中国小佛山”。后经五代、南北朝、辽和金，明万历三十五年吴姑重修。

今所见清泉寺为“中华民国”16年以及伪满康德二年重修的，寺院部分残缺处逐渐修复，寺内神像全用玻璃罩实，墙上壁画山水意境深邃，人物栩栩如

清泉寺题字

寺庙建筑

生。殿阁之间，晨钟暮鼓，佛曲氤氲，雕梁画栋，曲径迥廊，身临其寺，如坠天国仙境。寺内塑彩金容，香灯摇曳，宝鼎烟熏，烟云缥缈，更生妙谛无穷。匾额壁画，妙笔超群，显现出一派古朴典雅的风范。殿内四周多涂壁画，妙笔绝伦，尽述人间神话，重现历史典故。古寺右侧还有泉水顺山巅绕寺院而流入山涧，泉旁有古井一口，水质甘甜。寺院前方下临深渊，巨石高墙构筑，百余石阶直达峰底，使山城与寺院互为掩映。寺院左侧建有两排僧尼禅坐静室，环绕寺前一座菜园，为僧尼诵经打坐之余的耕耘之处。同时还可以看出东北地区少数民族与中原地区宗教方面的一些不同之处，尽管经历了1 000多年的风风雨雨，中原与北疆时连时断，但中华古文明的历史却渊源不断。每年4月初在清泉寺举办的庙会更是人山人海，隆重壮观。

门票：10元。

开放时间：8：30—17：00。

交通导航：金州—普兰店市—海皮线—兴唐线—到莲山再到星台清泉寺（吴姑城），金州—普兰店，可以走202国道，也可以走高速，石河下道，再走海皮路；金州—皮口—皮莲线—到莲山再到星台清泉寺（吴姑城）。

横山寺——辽南八大寺

推荐星级：★★★

位于旅顺口区王塘街大道的横山寺是我国长江以北最大的佛教寺院。占地2万平方米，寺院建筑面积达12 000平方米，曾享有“辽南八大寺”之美誉。

来到横山南麓，远远看到一处极似古代金元宝状，更似大肚弥勒的佛像。这就是横山寺。这里北靠横山主峰，三峰同线相连，中峰略突，两峰平齐，真可谓山体神形，天赐佛缘。主要建筑坐落在南北中轴线上，分别为山门殿、圆通宝殿、藏经楼、天王殿及分布在两侧的延生堂、方丈楼、功德堂、往生堂、钟鼓楼、斋堂等。整个寺院远看金碧辉煌，气势宏伟；近看由“河西彩绘”描绘的各种典故图案绚丽多姿，栩栩如生，殿堂内的佛像更是庄严慈祥，令人肃目。

寺内佛像

横山寺

横山寺开山历史源远流长，文化底蕴深远厚重。它始建于汉代，据碑文记载，横山寺系“旧有庙宇，营于曩代，曾几度兴衰”。元代鼎盛，至明清两代，曾几度兴衰，后毁于战火。1912年6月，民间名医张文平倡议佛教信众千余人重新修复；2003年再次重建，使这处拥有千年历史的古庙，以前所未有的恢宏气势再现“辽南第一古刹”的雄伟风貌。

重建的横山寺，其建筑风格雄伟壮观，是典型的汉传佛教寺院结构，建筑的外观特点秉承明清时期皇家寺院的风范。横山寺是观音菩萨的道场，圆通宝殿供奉的是毗卢观音，观音像为通体贴金高9米的香樟木坐佛。寺院内还供奉着韦驮菩萨、密迹金刚、弥勒佛、四大天王、地藏菩萨等。横山寺现有修行僧侣60位左右，寺院监院“印敬”大师12岁于洛阳白马寺出家，后续普陀山参悟，修行30余年，在佛教界享有较高声望。随着寺庙各方面的逐渐完善，现在的横山寺正致力于环保、教育、慈善、禅修等活动。

这座古寺，以其悠久的历史、深远的佛缘禅意、精辟的佛学哲理以及巍峨的气派，浩荡恩泽着一方。

寺内建筑

门票： 免费。

开放时间： 全天开放。

交通导航： 可乘站北广场—横山寺的公交车，或乘出租车来寺。

观海寺——梵音海潮音

推荐星级：★★★

坐落在大连瓦房店市仙浴湾镇莲台山上的观海寺乃是佛教禅宗曹洞系之古道场。原名释迦茅庵，俗名罗汉庙。

观海寺建在一处依山傍海、风景秀美之地。来到这里不但可以体验古刹的清幽与空灵，更可感受佛法的慈悲与吉祥。

观海寺历史悠久，寺院初建于明朝万历年间，后被毁坏。据碑文记载：清道光二十一年寺庙由住持僧沙义老和尚募捐重建，并更名为西永丰寺。无奈时光变迁，古刹历尽沧桑之变，1951年寺院所有的建筑被拆除。1992年在离寺院原址400米处辟地重建寺院。

重建后的庙宇有莲台山净土佛教文化园，包括安养院、万佛宝塔、海会堂、往生堂、人生后花园、念佛堂、大雄宝殿、天王殿、配殿、僧舍、斋堂、居士楼、海会堂等建筑。

观海寺

观音殿

其中安养院是莲台山净土佛教文化园的核心建筑，是一个集养老与弘法的公益性场所。在这里安居的老人享受佛法的浸润和素食的健康。院内配以念佛堂、助念堂、花园、活动室、图书室、会客室、医务室、食堂、温泉等。让入住这里的老人，从生活中感悟佛教的慈悲，在佛法中体验人生境界的升华。

万佛宝塔位于寺院中轴线的最顶端，莲台山的最高峰上。宝塔共七层，地宫内中间为一座如来宝箧印陀罗尼塔，四周为莲台山佛教文物展。地上一层至五层供奉五方五佛，塔壁供奉万佛；六层供奉台湾佛教会赠送的镇寺之宝“龙藏”；七层为“梵音阁”，采用朱漆彩画，罗砖铺地；金色穹顶上悬挂一口巨型铜钟(名曰“福慧钟”)，撞击铜钟，雄浑钟声从宝塔传扬万川大地，飘向四面八方，以祈祷国泰民安，风调雨顺。

海会堂坐落在莲台山观海寺西院，其名取就佛经“菩萨海会云来集”。是寺院专门设置放置佛弟子往生后存放灵骨的地方。其名包含佛法无边、百种海会、博大精深之意。这里靠山面海，建筑面积8200平方米，共三层。顶层设有念佛堂，内供西方三圣，可容纳700余人念佛。底下一层和地下一层灯光明亮，布置古雅，备极庄严，24小时佛号不间断，设有绘着莲花宝盖的灵骨龛位万余坐，每年清明、七月十五、寒食三大节均举办焰口解食法会。

气势宏伟的观音殿，现代化的弘法楼，集养老、念佛、骨灰安放为一体的净土安养院、人生后花园等大型仿唐建筑群构成的佛教文化园将耸立在莲台山麓，在这里接引更多的佛子回归。

门票：免费。

开放时间：全天开放。

交通导航：大连市区北港桥长途汽车站每天上午10点30分大连一望海大巴终点下车步行10分钟即到观海寺。其他时间可乘到复州城的大客，在复州城镇下车后，打车20分钟即可到观海寺。

基督教承恩堂——中国最早的教堂

位于西岗区长江路605号的大连市基督教承恩堂是一座中西合璧的宗教建筑，又名基督教北京街教堂，建筑面积25136平方米。

建于1913—1914年间的基督教承恩堂，是丹麦基督教路德教会在中国建造的第一个正式教堂。

教堂大体上保持了1914年建成时的模样，矗立在小岗子的制高点。在百年前这栋建筑是一个庞然大物，青砖绿瓦，造型平直朴素，局部造型吸取了中国样式，外墙白底红字刷了两段经文。在建造之初它是被作为信义宗的礼拜堂的。信义宗是基督教的分支，马丁．路德宗教改革后在德国形成，至今已有400多年历史，在北欧国家拥有国教地位。

1895年，丹麦福音路德教会以北京为首开始了在华北地区的传教，1910年传教士来到大连传教，于1911年计划筹建承恩堂，1913年正式开工，并于1914年竣工落成。2006年被命名为“大连市承恩堂”，但通常习惯被称为“北京街礼拜堂”。

门票：免费。

开放时间：全天开放。

交通导航：乘坐201路、528路、541路到北京街，下车步行13米；或乘坐1路区间车、411路、414路、512路、527路到大连西站下车步行380米；或者乘坐201路、41路、505路、515路、517路、527路、532路、541路、707路、7路到大同街车步行391米。

承恩堂

胜水寺——因泉水而得名

胜水寺又名观音阁，为佛教古刹，是大黑山北部古庙宇群现存的最古老的一座寺庙。

被称为辽南第一名刹的胜水寺原为上院和下院两部分。下院由24间古建筑组成四合大院，今已不存。上院在高入云际的山腰上，有盘道和石蹬可攀，两侧耸立着明、清等历代石碑。上院左前方高达8米的南阁，红墙黄瓦，格外醒目。登阁凭栏眺望，天海茫茫，层峦叠嶂。夏日山雨欲来或雨过初晴之时，在此可见脚下云雾翻涌、飘飘欲仙之景，蔚为壮观。此即金州古八景之一的“南阁飞云”。

寺庙始建于辽金时代，依山就势而建，以后又经明清两代多次修缮。登上装有石栏板的露台仰观胜水寺上院，一块圆形巨石上现出南阁区檐。由西山门门洞拾级而上，眼前出现的是一个古朴的庭院。庭院被巨大的隐仙洞所半吞，殿内供奉文殊、普贤、观音、释迦牟尼、地藏王各一尊，两侧为十八罗汉。正殿檐下原悬有历代名家手书“慈云永护”“圣德参天”“一洞天”等匾额。正殿上面，是一堵巨大的石崖，高十余米，冷眼一瞅，有一种亲临天塌地陷现场之感，让人心存余悸。石窟下面，有一眼黑黝黝的泉井，井水不深，却十分清冽甘醇，传说这泉眼与东海龙宫相连，所以人们又叫它地穴；石窟上方，有一个看似深不可测的石洞，向主峰方向通去，据说它上通天庭，所以又叫天穴，这天穴地穴据传是当年两个和尚斗比法力时留下的遗迹。

和尚斗法的故事发生在明洪武初年。有一天这里来了两个和尚，都是修行多年的高僧。他们在游遍了五湖四海后，一同发现了这个山清水秀的地方。这里山高林密，塘浅溪幽，经过再三推敲，都想在这里建庙立佛，有所造就。可是一山不容二主，相持之下，最后他俩商定当众比法术，赢者便可以在此建寺。听说要比武，好事的人们忙赶来看热闹。只见一个和尚先施法力，挽起衣

胜水寺院内布置

袖猛地向地下砸去，拳到之处立即出现一个大洞，一股泉水就这样冒了出来，泉水清冽甘甜，沁人心脾，就像天上的琼浆，人群中不免高声喝彩。另一和尚一看，不慌不忙，只见他嘴里喷出一股烟气，一道金光闪过，整个山岭都跟着动起来，待众人睁眼看时，石窟的斜上方出现一穴幽幽的石洞，洞之深，不知通向何方。两人开天辟地法力使得众人瞠目结舌，惊叹不已。二人也因此互相产生了钦佩之意，于是决定联手建寺。经过几番寒暑辛劳，寺庙终于修成。两个和尚砸出的地穴和天穴也就是现存的胜水井和西北天。

后来人们把两个和尚的比武之日——农历三月十六日，定为胜水寺的庙会日。这一日周围的村民都到这里赶庙会。在赶庙会时人们会系上红布条祈祷，求佛祖保佑。今天在上山的路上随处可看见那火红的丝布随风飘扬，已成了大黑山里的又一道风景线。

门票： 10元/人。

开放时间： 8：30—17：00。

交通导航： 先从北岗桥汽车站乘汽车到金州，再转乘到观音阁的车前往。

响水观——盛夏日满园生凉

位于金州区大黑山西北的响水观，又称响水寺、韵水寺，是大连地区著名的道教庙宇。

响水观依山而建，为二层砖砌飞檐结构，山门配以赭红色垣墙，再加上门外一道坡度较大的台阶，使其显得巍峨庄严。

相传道观建于唐代，后世特别是清代曾多次重修。清朝末年，辽南名士郑有仁游遍金州名胜古迹，又集纳众意，选出八处颇具特色的景观，名之“金州八景”，并分别以词记之，留传后人。“响泉消夏”便是其中之一。道观分南北两院，进山门即正殿后土殿。这是一座近十米高的硬山式三楹出厦殿堂，青砖灰瓦，雕梁画栋，富丽堂皇。殿内供奉着后土、女娲、观音等神圣。院内有池塘和五棵合抱粗的大树，清水绿荫，满院生凉。北院有精舍数椽，红色木棱花窗，幽静古朴，是道士们的住处和客舍。正殿右侧有一个40米深的天然洞穴，叫作瑶琴洞，洞内有清泉一泓流出，潺潺作响。泉水流出后，自南而北从嵌在寺外壁上的龙口中泻下，激落至蹲伏于水塘中的碧蟾口中，哗哗作响，飞传山谷，故名“响水观”。

在金州民间一直流传着关于瑶琴女弹奏古琴降服龙妖的美丽故事。相传在很久以前，有一条东海青龙，经常危害百姓。人们不断受到它的侵害，后来经仙人指点，知道这条青龙最害怕的就是琴声。恰好当时那里有一个美丽的农家女孩——王瑶琴，是个弹琴高手。于是乡亲们便请她来帮忙，王瑶琴义不容辞地接受了乡亲们的请求。很快来到了青龙经常出没的山洞，并经过九天九夜的弹奏，终使青龙精神崩溃变成了一条毛毛虫。但是瑶琴女也因过度操劳，最后变成了石头。当地的人们为了纪念她，就在山洞旁建了一座庙宇“响水寺”。但是有人说瑶琴女是救苦救难的慈航真人，有的说是炼石补天的女娲，也有的说是滋养万物的后土娘娘。于是就在庙里同时供奉了三尊神像，瑶琴女弹奏过的古琴也成为庇护乡民的神器。

瑶琴洞

响水观

响水观道士张永祥，据说他继承了琴道人杜教仁的琴艺，并且擅长书法，是当时金州地区的文化名人。现在响水观内随处可见他当年的题字。当时金州的文人经常在响水观聚集，听他弹奏《良宵引》《平沙落雁》《酒狂》等曲，琴风儒雅高旷。1925年，大学者康有为暂住金州，在当地文士陪同下游历了响水观和瑶琴洞，并在听了张道长的一曲古琴后，兴致勃勃地在石壁上题写了“金州城外百果美，瑶琴洞内三里深。旧时唐王曾驻跸，尤留遗殿耐人寻”的诗句。

门票： 15元/人。

开放时间： 8：00—17：00。

交通导航： 从金州出发，坐车到金州二站，乘105环路在大黑山景区下即可；或从开发区出发，在轻轨开发区站乘坐4路公交车到杏林小区，进入大黑山森林公园。

推荐星级：★★★

大连天主教堂——日式天主教堂

位于大连市西岗区西安街31号的大连天主教堂主体楼为欧式建筑，风格朴素。

大连天主教堂占地面积2 432平方米，圣堂建筑面积315平方米，西楼建筑面积356平方米，东楼建筑面积352平方米，1988年又在东楼北端建成840平方米的综合楼，组成一个完整的院落。

1923年，大连还是日本租借地时，教会活动主要是由在南满洲铁道株式会社工作的天主教信徒发起。在信徒冈大路等人的努力下，于1926年建造了玛利诺外方传教会的圣母海星大连天主教堂。教堂院落由圣堂、东楼和西楼三部分组成，总体结构布局严谨、风格朴素。圣堂为哥特饰趣的欧式建筑。1927年院内西楼首先建成，1928年圣堂建成，1929年教堂整体工程全面竣工。1931年起中国人向郊外的沙河口区刘家屯天主教教会迁移，那时的圣母海星教会的信徒人数已经达到了1 200人。1945年日本战败，日本人撤离大连，这个教堂成了中国人的教堂。“文革”期间，教堂又遭到浩劫和严重破坏，一切宗教活动停止，1980年12月教会恢复正常宗教活动。1991年对教堂钟楼加高并贴上红砖，自从改革开放以来，每年都有许多国外贵宾、政要、代表团，以及在大连工作的外国商界、教育界人士、各类专家来教堂过礼拜。

2011年10月初，教堂进行翻建加固，经过一年的精心施工，新教堂顺利完工落成，2012年11月21日，新教堂落成。

门票：免费。

开放时间：星期六晚上和星期日开放。

交通导航：乘坐4路、12路、29路、40路、407路、506路、541路、702路到北石道街口下车。

大连天主教堂

大连清真寺——朝向麦加

大连清真寺是市区最大的清真寺，占地面积1 200平方米，外观壮丽，造型美观，为阿拉伯建筑风格。

大连清真寺于1922年始建，1925年竣工，在“文革”期间曾被关闭，直到1979年后才重新修复。1989年大连又建新寺，经过18个月的修建，于1990年10月完工，并举行了隆重的新寺落成典礼。

清真寺位于大连市北京街96号（大连一中对面）。其寺为三层建筑，四角各有一座高大的顶塔，屋顶中间装有一弯新月标志。整座建筑主要用白、绿两色的瓷砖贴面，具有明显的伊斯兰特色。寺有门厅3间，茶色玻璃钢门窗。门厅的顶部中间是绿色的大圆顶，圆顶上端也装饰有一颗象征伊斯兰教特征的月牙；两侧另有两个小圆顶陪衬。寺的一楼为男女沐浴室，二楼为阿訇办公室，三楼为男女礼拜大殿。整体设置合理，各项设备也较先进。

目前，大连清真寺有阿訇4人，学董11人。教民大多为回族。新清真寺落成后，自给自养，并为国内外穆斯林来大连提供食宿方便，设有“民族饭庄”，内含旅馆部和餐厅部。

清真寺

清真寺建筑

门票：免费。

开放时间：星期四11：00—18：00，星期六15：00—18：00对外开放。

交通导航：乘坐40路、101路、408路、534路、602路、909路加车到市政府下车步行195米。

松山寺——佛教女众寺院

位于大连市西岗区唐山街2-8号的松山寺是一座佛教女众寺院。寺庙紧凑精致，有神殿7间，僧居4间，民房16间，占地面积2 100平方米。

始建于唐朝贞观年间的松山寺，距今已有1 300多年历史，清乾隆、咸丰、同治、光绪年间及近年曾屡次重修。正殿为大雄宝殿。

相传唐太宗李世民于贞观十九年（公元645年）第五次东征，攻克辽东城、卑沙城、大黑山等重地，建大黑山石鼓寺唐王殿，为第六次东征取胜打下基础。此次随唐太宗李世民东征的有一批特别的士兵——僧兵，僧兵来到榆林之青泥浦（今大连青泥洼桥），住此地建庙，弘法度化。并将所带牡丹苗植于殿前，松子种于群山之中，松山寺因此得名。

松山寺的围墙上遒劲有力的“南无阿弥陀佛”六个大字中规中矩地伫立着，于喧嚣繁杂的城市气息中凸现着佛家的淡定从容。它的大门常常紧闭，唯有侧门大开，上有“松山禅寺”的大匾。进入寺庙，首先看到的是一个偌大的香炉，香案上摆着免费供佛的细香。香炉前面是弥勒殿，两侧是护法居士们办理事务的居所。弥勒殿旁还有一窄窄的通道，转过殿后，别有洞天，一方四合小院祥云笼罩，吉祥殊胜。正中大雄宝殿，三世佛庄严无比，殿内两侧罗汉肃立；东西殿规模小了许多，各供着东西方三圣。身后则是伽蓝殿。四面殿堂不论大小，皆是鲜亮光明，金碧辉煌，清净无染。

松山寺

寺内大殿

门票： 免费。

开放时间： 8：00—16：00。

交通导航： 大连市内乘坐11路、24路、406路、505路、506路、517路、529路、701路、707路公交车在唐山街下车即可。

第9章

海天之间自由徜徉

老虎滩海洋公园——绮丽的海滨风光

推荐星级：★★★

位于大连市中山区滨海中路的老虎滩海洋公园是展示海洋文化，突出滨城特色，集海洋动物、海洋生物展示，海洋动物表演，海洋游乐，海洋科普教育为一体的现代化海洋主题公园。

中国最大的一座现代化海滨游乐场——老虎滩海洋公园，占地面积118万平方米，4 000余米海岸线，园区自然风光秀丽，山海互映，景色迷人。

该馆建成后以展现极地世界、海洋奇观为主，建有极地馆、海洋动物馆、海兽馆和珊瑚馆，还有以亚洲最大的珊瑚礁生物群为主的海洋生物馆——珊瑚馆等，在这里既可欣赏大海风光和虎滩乐园的全貌，也可感受鸟语林、四维电影院、海盗村为游人提供的新鲜感与刺激感，以及艺术的魅力。

极地馆建筑面积35 190.24平方米，占地面积14 000平方米的地方，来到这里，可以欣赏极地动物展示、海底世界等，尝试极地体验。

其中海洋动物表演剧场是国内唯一一家将故事情节融入海洋动物表演中的场馆。蓝色鱼鳞状的外观设计，奠定了这里关于海的主题。好似一艘饱经海风侵袭的断船搁浅在沙滩的内景布局，让这里变得更加神秘，仿佛梦幻中的童话世界真的存在。海兽馆是卡通味十足的海盗船，栖于海岛边的场景，堪称绝世之作，具有很高的观赏性。海兽馆分地下一层，地上两层，总屯水量近3 000立方米，池内水24小时循环，透明度极高。置于此处，您如同置身于透明的海底世界。人们可以从水下、水上和高空不同角度来观赏海洋动物的生息百态。珊瑚馆展示珊瑚礁生物群200余种，3 000多个。通过声、光、影像等现代的高科技手段，完美地还原了海底世界的神奇与美丽。海底实验室区域有旋涡鱼、电子相册、潜望镜、电子显微镜、真空水槽、水下音乐会等游客参与性项目，使您在不知不觉中学到有关海洋的专业知识，感受海洋世界的神秘莫测，领略现代高科技展示方法的奇妙。表演场中，还有精彩的水中芭蕾、美人鱼表演、水下梦幻婚礼等项表演，游客也可穿上潜水服与鱼儿共游，亲身体验一下潜水的乐趣。鸟语林是我国最大的一处半自然状态的人工鸟笼，占地1.8万平方米。笼体造型气势磅礴，将半个山谷罩了起来，人们进入其中，立即投入大自然的怀抱。居住在这里的孔雀、丹顶鹤、白天鹅等80多种鸟类，总计2 000余只珍禽。

四维影院是目前亚洲最大的特种电影播放场所，建造于2001年10月份，内设150个座位。采用了最先进的技术，从视觉、听觉、触觉和嗅觉，全方位地诠释了四维影视。

海盗村是国内仅有的架设在海湾海平面上的海盗船，以海盗和海盗景物的卡通造型为主，对所有建筑、休闲场所、游乐设施、景观进行包装。它的支点高13.5米，最大摆角120度，每船可以乘游客40人，让人们感受到海盗船在海上摇摆和失重的惊险和刺激。

马驷骥根艺美术陈列馆是一座古典雅致的楼阁。馆前有马驷骥根艺作品“马空冀北”仿根艺雕塑。1991年和1999年，马老先生将他呕心沥血30年创作的价值数百万元的根艺精品两次捐赠给大连市人民，陈列在虎滩乐园的百虎亭。百虎亭也因此改建成马驷骥根艺美术陈列馆。有孔雀、雄鹰、神虎赴会图、神鸟图等百余件根艺精品，被人们誉为“化腐朽为神奇”的东方艺术瑰宝。

老虎滩海洋公园是大自然与人工智慧的完美结合，是滨城大连的一道亮丽风景。这里蓝天碧海，青山奇石、山水融融，构成了绮丽的海滨风光。

门票： 210.00元。

开放时间： 08：00—18：00。

交通导航： 乘2路、4路、30路、402路、403路、404路可达。

北大桥——临桥听风语

位于滨海路的北大桥是大连市与日本北九州市结为友好城市之后，两个城市友好往来的友谊象征，并分别在北九州市公园中建立一个具有中国民族风格的亭——大北亭，在大连市建一公路桥——北大桥。

北大桥又称“情人桥”，贯穿大连海滨风景区东西滨海路的要冲，而且也是老虎滩景区西部和邻近的燕窝岭景区中一壮观秀丽的风景点。它依山傍海，象

北大桥

征海誓山盟。大连有个习俗,新人举行婚礼后,都要走滨海路,走北大桥,以示百年好合!

该桥1984年5月开工，三年后正式通车，为三跨简支加劲桁架悬索桥，全长230米，中跨跨径132米，桥宽12米，其中车行道宽为8米，主索矢高13.2米，矢跨比1：10。雄伟的桥台，高高的桥塔架连接着长长的主钢索，通过吊索使一个平展的桥面穿峡谷而过，气势雄伟，磅礴苍劲，像一高大巨人双臂把两座山岭连接起来。过了北大桥继续向西走，就来到了燕窝岭景区和秀月峰景区。

门票：免费。

开放时间：全天开放。

交通导航：坐2路、4路、30路、403路到老虎滩下车即可到达。

傅家庄公园——自古就是天然浴场

位于大连南部海滨的傅家庄公园由海滨浴场、度假村和旅游服务中心等部分组成，是滨海路海景的一部分。景区内山、海、滩、林诸景俱全，环境清幽秀丽。

在大连市有一处著名的海上游乐中心，它是四大海水浴场之一；它视野通透、建筑新颖；它坡缓沙细，沙砾适中，水质清澈；它就是占地面积达20万平方米的傅家庄公园。公园三面环山，山峦连锁，与陆地隔海相望，海岸线长450米，沙滩平均宽32米，坡度8.9%，沙滩总面积2.57万平方米，浴场建有更衣、淋浴场所，设施齐全。

相传在300多年以前，有一姓傅的渔民从山东漂海而过，来这里安家落户，逐渐住户聚多，人称此地为“傅家庄”，又称兴海屯。新中国成立前这里是个荒僻的渔村，二十几户渔民以种地捕鱼为生。村前的海湾是个天然浴场，每到暑期许多人来此进行避暑和海水浴。新中国成立以后，市政府将这里开辟为大连市四大海水浴场之一。附近又建成了疗养区，相继修建了十余家海滨疗养区。1980年又在海滨地区建起了傅家庄公园，成为大连海滨风景区的一部分。这一景区自然景观别具特色，东西为高坡地，中间为开阔海滩，东、西大连岛与海岸相望，形成了海、山、岛、礁、滩的多维空间，风景秀丽多姿。

关于傅家庄公园附近海岛的来历，有一个美丽的传说。很久以前，有个姓傅的穷苦后生，从山东逃荒来到这里，以捕鱼为生。他勤劳勇敢，而且长得英俊，还吹得一手好笛子。神奇美妙的笛声传到了大海深处的水晶宫时龙女听得如痴如醉，下决心去寻访吹笛人。后来，在老蟹婆的帮助下，龙女和渔郎相识了，而且渐渐产生了爱情。这事被龙王得知，派水兵打伤渔郎，并且把龙女锁入闺中。一天在老蟹婆帮助下，盗得定海神剑，使龙女逃出水晶宫。龙王率兵追起，在海中展开恶战。在这危急时刻，幸得二郎神相助，只见“啪、啪、啪”三下，打得鱼鳖虾蟹四员大将转眼化为东褡、西褡、二坨、老偏四座海岛。龙王气急败坏，愈发凶狂，龙女无奈，只好用镇海神剑施展法术，使老龙王坠入海底。之后风平浪静，彩霞满天，忠诚的老蟹婆驮着龙女缓缓爬上岸来。

在离岸不远的黄海中，分布着东褡裢、西褡裢、二陀、老偏等几座岛礁。长550米的傅家庄海滨浴场，沙滩总面积2.6万平方米，呈东西走向。滩宽坡缓沙细，海水洁净，水清浪平，浴场服务设施齐全，是大连市四大海水浴场之一。景区东部为度假村和旅游服务中心。一排排特色建筑群散落在周围的群山之中，风姿各具。景区周围是大连市著名的海滨疗养基地，每年夏季有来自全国各地的数以万计的人到这里疗养。他们或入海弄潮，或漫步林间小道，各得其乐。此地有双人自行车出租，在海边骑行这种情侣车真是一件浪漫的事。

门票：免费。

开放时间：全天开放。

交通导航：在人民路坐801路奥林匹克广场下车换乘长春路的702路或541路到傅家庄；人民路坐712路、703路、524路在南山宾馆换乘501路到傅家庄；乘4路、81路换乘702、541到傅家庄。

白玉山——李鸿章随口之语

位于旅顺口区白云山街198号的白玉山又名西官山、鹌鹑山，海拔130多米，是旅顺的象征，也是大连十大风景名胜区之一。

1881年李鸿章视察旅顺时，曾登临白云山俯瞰旅顺全景，当听说对面山叫黄金山时，说道:“既有黄金，当有白玉”——白玉山由此得名。白玉山的南北有两条公路盘山而绕，有一条直达山顶，并在南麓有空中索道直达山顶。在山顶还有白玉山塔、电视塔及海军兵器馆。

这里曾是清代的军事重地，建筑了16间房的军械总库，其中舰炮火药库五间，弹药库九间。有李鸿章亲笔书写的“武库”两字。清末修建的白玉山炮台，甲午战争中被摧毁，武库也被洗劫一空。

沙俄占领旅顺后，在白玉山北侧修筑了炮台，并继续使用原清军的军械总库。1900年，沙俄在白玉山南麓修建了一座豪华的欧式别墅。最初是沙俄远东总督阿列克塞耶夫大将的侄子启里尔亲王居住，后来又成为沙俄关东军副司令乌罗柯夫的私人官邸。1905年，日军取代了沙俄的地位。并在白玉山麓顶峰为阵亡的日兵修建表忠塔，以此来欺骗日本人民，美化侵略战争。建塔石料大部分来自侵华元凶乃木希典家乡，日本山口县德山冲黑发岛产花岗岩。

建表忠塔是为了表彰在日俄旅顺要塞争夺战中为效忠天皇而殁日军官兵。塔身以钢筋混凝土构成，附设窗口21个，塔的顶端北面有铜制铭文，由日本军阀东乡平八郎和乃木联合撰写。铭文以中文书定，文中记载了日俄战争旅顺要塞争夺战的简要过程。在修建表忠塔之前的日本当局还在白玉山主峰上修建了一座东洋建筑风格的“白玉神社纳骨祠”，把日军在旅顺围攻战中战死的22 723人的骨灰全部存放于纳骨祠的三间地下室内。并在白玉山南麓上山路第一转弯处修建了“第三回闭塞队纪念碑”和衣冠冢，把参加闭塞沉船行动的“朝颜丸”

白玉山炮台俯瞰夜景

螺旋推进器置于碑前，四周架起炮弹壳与铁索围成的链墙，为日俄战争中堵塞旅顺港而丧命的日军招魂扬幡。从此以后，白玉山就被日本帝国主义强行变成春秋两季为炮庆举行招魂仪式的祭坛，用以欺骗阵亡日军的家属和宣扬“天皇神威”。日军占领旅顺后，俨然以新主人自居，把原沙俄关东军副司令官邸改建成为日本关东都督长官官邸，它实际上是一座策划侵华阴谋的桥头堡和大本营。1927年日本统治者又在关东长官官邸附近建起一座江户时代建筑风格的“圣地会馆”，接待日本军政要员和卖国求荣认贼作父的汉奸。

1945年旅顺从日本侵略者手中夺回后，表忠塔改为“白玉塔”，1985年又改为“白玉山塔”，这座塔已成为日俄侵占旅顺口的铁证。1953年，赫鲁晓夫访问旅顺时，曾要求将白玉山塔拆除，用其材料在对面的黄金山上建一座比白玉山塔更高的塔，以纪念在日俄战争中阵亡的俄军将领，被周总理断然严词拒绝。“文化大革命”中，又有造反派计划将该塔炸掉，后被制止。

改革开放后，白玉山作为旅游景点向游人开放。在白玉山纳骨祠的废墟上建起了海军兵器馆、电视塔。当年的“圣地会馆”和“关东长官官邸”已成为接待各国领导、政要的第一招待所。白玉山南麓半山腰又增添了一座飞禽观赏园——百鸟园。在白玉山塔附近建有以展示旅顺海滨采撷珍奇石头的“奇石馆”。

登上白玉山，美丽的旅顺市区尽收眼底。举世闻名的军港旅顺口，一艘艘威武的战舰激起一道道晶莹的浪花，飞翔的海鸥相互追逐着、欢叫着，仿佛在为远航的水兵送行。

门票：40元，索道单程15元。登白玉山塔：10.00元。

开放时间：08：00—16：00。

交通导航：双向普线201路、上行线路215路、下行线路215路。

森林动物园——瑰丽的海畔明珠

白云山风景区内的大连森林动物园是以自然界万物相互依存、和平共处为主题，人文景观与自然景观形成完美结合的园林。

在大连，有这样一个公园，它以自然风光为主，并有种类繁多的动物，整体上主要突出“奇”“特”“新”；在动物种群上主要突出“大而群”“少而精”；在饲养方式上有圈养和散养；注重“全天候”及人与动物的交流，它就是大连森林动物园。园区分为热带雨林馆、热带爬虫馆、动物标本馆、熊猫馆、鸟馆、澳洲袋鼠园、灵长园、小动物村、步行区、狮虎山、猴山、熊山和杂食动物区等，饲养动物有4 000多种。

大连森林动物园热带雨林馆，有热带、亚热带的自然气候环境，以山石、水体和热带亚热带植物组合形成自然式的热带雨林风光，为游客提供一个全年均可欣赏热带、亚热带风光的景区。热带雨林爬虫馆，有黄金蟒蛇、苏卡达陆龟、蓝舌蜥、网纹蟒、红腿陆龟、暹罗鳄、红尾蚺、加州王蛇、红树巨蜥、阿根廷黑白泰加蜥、玉米锦蛇、黄缘盒龟、变色龙、棕黑锦蛇、亚达博拉象龟等动物。

动物标本馆同样有很多动物标本，它们制作精美，活灵活现，有东北虎、丹顶鹤、金丝猴、大熊猫、斑马、鸵鸟、松鼠猴等。

鸟馆区、澳洲袋鼠园和灵长园各有特色，鸟馆区里的鸟类不但羽毛艳丽，体态各异，而且还会撒娇、“说话”、甚至有的还会与人嬉戏。游览其中，往往令人应接不暇。袋鼠亦是种类繁多，有颈袋鼠、灰袋鼠、尤金袋鼠、赤大袋鼠、白袋鼠等5种30多只，澳洲鸸鹋近20只。游客可以通过游览通道与袋鼠、鸸鹋等澳洲动物近距离接触。灵长园里有金丝猴、黑猩猩、黑白疣猴等，园内的景观以190米宽的瀑布叠水为衬托，配以各种动物休闲娱乐设施，增强展示效果。游客可以通过栈桥、电瓶车线路以及室内走廊三种方式观赏。

熊猫馆是按照熊猫的生长习性和地形建造的，与周边环境融于一体，非常适合大熊猫自然安静的居住生活。考虑人的游览路线和大熊猫的生活，馆体建筑造型与热带雨林馆和动物表演剧场交相呼应，自然而富有现代气息。它是大连森林动物园的标志性建筑。熊猫馆的建成填补了东三省没有大熊猫饲养的空白，成为东北地区唯一的全天候、永久性大熊猫展览馆。

小动物村是小朋友的天堂。动物展示突出一个“小”字，无论是老虎、狮子、灰熊等凶猛的兽类，还是骆驼、乌龟等温顺的动物，或者是狗、猫、兔等，只要是小的都会在这里展示。整个馆区分为儿童乐园、育幼中心、小动物展示和人与动物亲和等几个区域。村内有休闲座椅、滑梯等设施，满足游人的需要，尽显童趣。

门票：通票120元。

开放时间：夏季7：00—17：00；冬季8：00—16：30。

交通导航：乘坐4路、404路、702路、706路到南石道街站下车；或乘525路、529路、715路到森林动物园站下车；乘坐5路、541路、702路到滨海路银沙滩站下车也可到达。

大连观光塔——感受大连城市上空

大连市中山区绿山巷99号的大连观光塔是大连市标志性建筑之一，既做观光旅游之用，也是一座专业的发射塔，拥有观赏大连城市风光第一高度和最佳视点的称号。

观光塔塔高190米，加上山高，海拔近400米，除每天发射6套、传送30套节目外，还有由灯塔大厅、塔楼和露天蘑菇厅组成的旅游观光区，最高一层可旋

观光塔

转。塔楼三层，海拔288米，设有空中展厅、空中观光厅、空中旋转餐厅。塔基三层，海拔180米，设有广播电视传输演示、露天观景台、世界精品蝴蝶展、江南丝绸馆、大连历史图片展、多功能厅等。塔楼是大连市区最高的游览观光场所，大连的景色可尽收眼底。

观光塔始建于1987年，1990年投入使用，2004年更名为大连观光塔。塔形为12边形，是世界上首次采用空间桁架的钢塔，造型新颖，风格独特。墙体采用欧式铝扣板外挂面，色彩与塔身浑然一体。它屹立在大连的最高点，也是观赏大连全景的最佳去处，每年到电视塔观光的游客络绎不绝。它独特的造型与劳动公园融为一体，形成一道别致的风景线。

站在观光塔上俯瞰浪漫之都，翠绿的山峦、蔚蓝的大海、秀美的市景尽收眼底，令人心旷神怡。这里是大连老工业基地振兴和国际航运中心建设成果的重要窗口，党和国家领导人及许多外国元首和政要，都曾莅临视察和观光游览。塔内的天海府旋转餐厅是大连“最高”的餐厅，是追求浪漫的恋人们的经常光顾之所。

门票：50元。

开放时间：9：00—18：00（10-4月）；9：00—21：00（5-9月）。

交通导航：乘坐207路、214路、223路、244路、246路、603路公交车均可到达大连广播电视塔。

夏家河子浴场——天然的游泳池

甘井子区革镇铺夏家河村的夏家河子浴场是大连四大浴场之一，滩涂平缓，水清且浅，被誉为“天然的游泳池”。

夏家河子浴场距离市中心很近，海岸线长1.2千米，滩涂面积达576万平方米。这里最大的特点是海沙细软，滩底平坦，风平浪静，缓平的滩头长达数千米，离岸几十米也只有齐腰的水深，因此这里非常适合儿童和初学者游泳，被称为天然的游泳池。浴场内饭店、冷饮、淋浴室、更衣室、海上用品租借处等各种服务设施齐备。近几年又修起了海滨公园，具有各种服务设施，建成了许多疗养院。

夏家河海滨公园总占地16万平方米，绿地面积12万平方米，其中还栽种了大量的枫树。以往夏家河子浴场只有夏季才会有游客前来，现在浴场“升级”为公园，成为一年四季都对游客有吸引力的休闲场所。在公园中栽种枫树，突出了公园的“彩色”魅力，使夏家河海滨公园除了蓝色的大海、黄色的沙滩、绿色的草地和白色的雕塑之外，秋季红色的枫叶也是一大亮点。

每到暑假，夏家河子浴场都会有数以万计的游人，热闹非凡。这里也是赶海的好地方，人们在这里“钓蝼蛄虾”，挖“海肠子”，可以品尝到各种海味。

门票：免费。

开放时间：全天开放。

交通导航：从大连火车站乘坐开往夏家河子的公交车即可到达。

发现王国——梦中的世界

推荐星级：★★★

位于大连市金石滩黄金海岸上的发现王国是中国最大的主题公园，占地47万平方米，这里的一切都那么新鲜，一切都值得你去发现。

初次来到发现王国，你会发现这里的一切对人都有一种偌大的吸引力，可爱的卡通形象、腾跃反转的过山车，以及一轮又一轮的尖叫声、赞叹声，带领游客走进探索的世界。它的规模比香港迪斯尼还要大出近1/3。公园分为七大主题：发现广场、婚礼殿堂、疯狂小镇、传奇城堡、魔法森林、神秘沙漠和金属工厂。

既然名为发现王国，其初始地自然是发现广场，但因公园呈环形分布，所以这里也是终点。在广场上，您可以和散布周围的卡通形象合影，可以欣赏美丽的街心喷泉，也可以到公园中心湖区的城堡上寻找《哈利·波特》中的魔法学校，在这里感受那份亲切和灵动。公园内最美最安静的地方当属婚礼殿堂，整体的欧式建筑，洁白的弓形顶棚，阳光透过窗子，殿堂内部仿佛撒了一层淡淡的轻纱。精美的壁画、精致的装饰，每一处都透漏着专属于贵族的奢华。站在长廊上，细细观看，不得不赞叹建筑之美。

疯狂小镇，只听名字你是不是都感觉热血沸腾了呢？这里有疯狂剧场，定时会有从外国请来艺人表演的惊险的警匪对战，刺激的爆炸场面，“疯狂夺宝”，是不是有种身临好莱坞大片的感觉。不仅如此，还有园中数一数二惊险的项目——翻江倒海，听乘客们的尖叫声就知其中的刺激了。另外还有很多其他项目，等待游人的体验。还有传奇城堡，那欧洲古城堡苍凉高贵的“气质”，让人凝神肃穆；城堡中色彩鲜艳的扫把实在太漂亮，美丽的事物往往让人迷醉，想要走近他，却不知等待人们的是未知的惊险。这时，打扮成堂吉诃德的艺人从你眼前走过，那挎剑骑驴的滑稽模样，让人忍俊不禁，一改先前紧

发现王国

别致的建筑

张的情绪。里面还有恐怖的鬼屋、灵度空间，高科技特效创造出的中世纪古堡，给您非同一般的感官刺激。童话小火车，一上车，小朋友们又会找到童话世界的感觉。更有魔法森林，热带雨林的那种大气磅礴的气魄在这里四处流荡，让你有一种亚马孙游历和历险的感觉，有身着兽皮，土著人扮相的舞者会邀你共舞；其中的探险更能让人体验到漂流那种搏击自然的荡气回肠。

接着下来的主题是神秘沙漠，沙漠风暴的刺激程度是园中顶级的，走上去，已经说明了你的勇气可嘉，乘坐其上，还未启动，就有心惊胆战的感觉了；疯狂卡丁车倒是个老少皆宜的项目，速度不是特别快，还能体验一下飞车感受。但是沙漠里可不光有刺激，当你的心紧绷到极点时，一种属于伊斯兰教异域风情的轻纱曼舞出现在你眼前，让人联想到大唐盛世时繁荣的丝绸之路。到了最惊险的时刻了，金属广场那疯狂的眼镜蛇，用弹射的方式，超强加速度，瞬间发射，如流星般飞速划过。在亚洲，只有在发现王国才能体验到这种太空梭失重的感觉。它是金属广场的镇园之宝，发现王国的金字招牌。

发现王国内部布置

逛完发现王国也累了，走出公园，门口一家家欧洲风情的小店，如积木般光鲜亮丽的外表，让人驻足欣赏。当注意到每家店铺的名字后，又不得不被这充满新意的构思折服。进入店铺，里面的一切不但拥有英国老街上的闲适节奏，而且还有美国时尚街头的蓬勃朝气。所有的一切，是那么的不可思议，恍若置身梦境般美丽。

门票： 成人票价：日票190元，夜票100元；儿童（1.2米至1.5米）票价：日票95元，夜票50元；老人（65周岁及以上）门票：日票45元，夜票30元；残疾成人票价：日票95元，夜票50元（凭有效证件享受半价）；残疾儿童票价：日票55元，夜票25元；残疾老人票价为：日票30元，夜票15元；1.2米以下儿童免票。

开放时间： 每年3月底-11月初营业，冬季不开放。5-9月开放夜场。无夜场时每日9：30—18：00开放，有夜场时9：30—21：00。

交通导航： 在火车站后侧乘坐轻轨，到终点站金石滩站下车，出站台后在广场上有到发现王国专线公交车，二三分钟就可以到达；从大连市内您可以走东北快速路，经开发区，沿向金石滩方向的轻轨路线行驶，即可到达发现王国。

圣亚海洋世界——身临海底世界

推荐星级：★★★

位于大连市沙河口区中山路608-6-8号的圣亚海洋世界是集海洋环境模拟、海洋动物展示表演、购物、休闲、娱乐于一体的综合性旅游项目。

圣亚海洋世界，浪漫大连第一站，它是中国第一座海底通道式水族馆，拥有圣亚海洋世界、圣亚极地世界、圣亚珊瑚世界、圣亚深海传奇、圣亚恐龙传奇五大场馆，面积超过5万平方米。圣亚海洋世界以提供海洋生物和水下海景观赏为主，为世人开辟了一条通向海底之路，并以丰富的展示手段和再造的生动水生环境，再现了美丽的海底世界，使人们在轻松愉悦的心情中，真正贴近海洋、了解海洋、关心海洋生态环境。

现代水族馆普遍都采用了观赏视角极佳的通道展示方式，在水下开辟了一块属于人类的空间，使水下漫步成为可能。游人可以乘坐海底列车，置身于通透的海底通道中，神奇的海底景观围绕在您的身边。那里有200多种世界各地的珍奇鱼种：色彩斑斓的热带鱼、凶猛威武的鲨鱼、头大无朋的鳐鱼等，争相向您展示它们优美的身姿。这里的展示以海洋动物为主，它把海洋馆与主题乐园的模式有机地融合在一起，让游客如同一出海洋情景剧中的角色。常年有海豚、白鲸、鲨鱼表演。“海豚湾之恋”表演——圣亚“三大表演”之一，王子、美人鱼、白鲸、海豚、海盗等共同主演，情节跌宕起伏，浪漫唯美。

还有同样采用情景式主题乐园的风格，向游客全面展现极地世界风貌的圣亚极地世界。它是国内唯一一座具备3D多媒体舞美效果的大型室内情景剧场，配备国内最大环形屏幕、国内一流的灯光音响特效设施，以及可升降雪橇车、飞艇等大型舞台机械设备，让游客身临其境观看动物表演视听盛宴。常年有海狮、白鲸、海象、斑海豹表演。“白鲸传奇”表演——圣亚“三大表演”之

海底生物

生涯海底世界

一。这里有目前国内最大的白鲸水下表演池，游客可以透过特制的玻璃幕墙欣赏表演。“功夫海象”表演——圣亚“三大表演”之一，海象海狮主演，国内唯一能模仿迈克尔·杰克逊跳舞的海象，幽默搞笑。

不仅有动物展示，这里还有一座以珊瑚为主题，无动物表演的纯展示性场馆。它就是聚集的千余个珊瑚生物群，还有无数的珍稀贝类、珍稀鱼类与珊瑚交相辉映，共同构成了的珊瑚馆，一个神秘莫测、绚丽无比的海底花园。

然后来到圣亚珊瑚世界、圣亚极地世界、圣亚海洋世界共同组成的圣亚核心景区圣亚深海传奇。这个以高科技多媒体为依托、全新模式的旅游项目，它以深海探奇为主题，运用顶尖的多媒体科技，以及声、电、光模拟，打造了神秘刺激的“深海体验区”和奇幻的“天幕影院区”，被称为史上最具魔幻和刺激的深海体验之地。

圣亚恐龙系列场馆是座地下场馆。走进场馆，一股史前蛮荒气息扑面而来。世界首次发现鸟类新类群——“林氏星海鸟石”它的特点是介于反鸟类与今鸟类之间；隐藏在密林中的“全息暴龙”震撼迎宾；价值数千万的“双庙龙化石”堪称化石中的高富帅；“最后的晚餐”诠释何谓真正的难以下咽；“生死相伴”强势证明强扭的瓜也甜；“硅化木”的美，让钻石、玛瑙通通退出历史舞台。进入移动式4D影院，开始一场魔幻刺激的远古穿越冒险，被暴龙追逐，从悬崖坠落，看血染平原，逃离天崩地裂……不断移动的恐龙蛋形轨道车，仿真远古景观与原创立体影像的融合，让你身临恐龙王朝。

在这里您会感到与海底生物之间从未有过的亲近，会觉得原来人与海洋亦可以融为一体，鱼儿也是人类的朋友，如果现实世界也是如此就好了。

门票：圣亚海洋世界：110.00元；圣亚极地世界：80.00元；深海传奇馆：70.00元；恐龙传奇：80.00元；三馆套票（含圣亚海洋世界、圣亚极地世界、珊瑚馆）：190.00元；四馆套票（含圣亚海洋世界、圣亚极地世界、珊瑚馆、深海传奇馆）：220.00元。

开放时间：08：30—17：00。

交通导航：乘6路、22路、23路、37路、202路、406路、531路、901路至医大二院下车，马路对面即是圣亚海洋世界。

蝶恋花蝴蝶园——与蝴蝶共舞

位于大连旅顺水师营小南村的蝶恋花蝴蝶园是以蝴蝶文化为理念，以原始生态、时尚自然，以及花的海洋、蝶的世界为主题的东北首家集蝴蝶观赏、体验的大型园区。

蝶恋花蝴蝶园有蝶恋花区、蝴蝶谷、放飞梦想的广场、祈福广场、世界名蝶展示区、蝴蝶体验区、蝴蝶产品销售区七大景观。

作为室内蝴蝶观赏区，蝶恋花区占地1 000平方米，种植国内名贵花木，以动静结合形成别致景观与蝴蝶交相辉映。蝴蝶谷为户外景观蝴蝶观赏区，区内建有叠水瀑布、小桥流水、蝴蝶七大文化理念创意景观带、上万株的草花营造

蝶恋花蝴蝶园

了花的海洋、蝶的世界景观带，是园区一大看点。放飞梦想广场前建有蝴蝶园吉祥物，贴近自然的木栈道广场宏伟壮观。蝴蝶园内最有特色的当为世界名蝶展示区，引进各国名蝴蝶标本160多种，有世界最大的蝴蝶和最小的蝴蝶，和来自印度尼西亚、巴西等国的世界名蝶。还有用近两万只蝴蝶翅膀组成的九龙图案，堪称世界之最，形成一大奇观，它是园区镇园之宝。

为了让游客亲自参与体验蝴蝶活动，这里专门建设了游客蝴蝶体验区，市民和游客可以亲自动手参与制作加工，针对中小学团队以及家庭等设置蝴蝶标本加工制作体验，丰富游客参与活动内容，增加体验乐趣。

这里有狭长的自然山谷，茂密的森林、五彩斑斓的景观树种，植被资源十分丰富。这些自然生态的时尚环境形成了原始森林景观带，被专家誉为生态最原始、景观最突出、内容最丰富、国内规模最大、最完美的大型蝴蝶观赏体验园，它是旅顺旅游的新亮点和新景观。作为东北地区规模最大，蝴蝶文化内容最丰富，最具亲近自然感受自然景观带，它已成为地区独特文化内涵的旅游品牌产品。

门票：40元。

开放时间：8：30—16：00。

交通导航：从大连出发可以走旅顺南路、旅顺中路、旅顺北路前往旅顺蝴蝶谷。

劳动公园——大连的象征

大连劳动公园又名西公园、老虎公园、中央公园，被称为“大连的象征”，是市区最大的一处集休闲、娱乐、文化活动、游览于一体的颇具欧式风格的现代化城市园林。

大连劳动公园位于解放路5号，面积达102万平方米。公园将开朗通透和精制、细腻的造园手法有机地结合在一起，先进的、规模宏大的现代化游乐场设备，为游客带来了无穷的乐趣，令人流连忘返。

劳动公园原是一片森林，沙俄强占大连后，开始在此兴建公园。后听说这里饲养过一只老虎，传言这只老虎还曾吃过一位不明身份的国际女间谍，一时间，老虎名声大噪，公园也随着老虎的威名，被人们称为“老虎公园”。新中国成立后，人们利用节假日进行义务劳动，在公园内修建了荷花池、池心亭、曲桥等景点。为了纪念市民的劳动成果，就在荷花池旁立起了一座刻着“劳动创造世界”六个大字的青石碑，从此，公园定名为“劳动公园”。

虽然劳动公园地处大连最繁华地段，但进入公园后，你会瞬间感觉远离都市的喧哗，甚至能听到鸟儿清脆的叫声，加上美景相伴，它是繁华滨城中不可多得的世外桃源。

在公园南部，依山势上行，就会看到一个巨大的红白足球形的建筑艺术馆，这是大连足球文化的象征。由于南部地势较高，所以无论是乘坐高空缆车还是登上观景台，城市美景都会尽收眼底。

公园东部，亭台水榭。荷花池绿水荡漾，池中央的红柱黄瓦的凉亭倒映水中，配以成片的墨绿荷叶，黑天鹅曲颈顶朱冠向天而歌，点缀上各色荷花，颇有一种中国水墨的写意境界。在这里，经常可以欣赏到社区组织的一些文艺活动，苍穹为幕，亭前为台，微风习习，环坐池边的阶梯，欣赏歌舞，景美人更美，其乐融融。

公园西部，饲养的各种鸟类，聚集于此，仿若“百鸟朝凤”。它们或呖呖嘤嘤地歌唱，或于地面觅食；或停留栖息于假山之上，或展翅盘旋空中；歌声婉转清脆，舞姿优美动人，不禁惹人驻足。

进入公园北部，看到的是一个象征劳动者的铜雕，线条分明，肌肉有力；稍向南行，就是著名的世纪仓。

公园内还有一座“祈福钟”，据说该钟已有近700年的历史。公元1347年，元朝为在高丽国弘扬佛法，便由皇家出资并派史臣在朝鲜铸造此钟。1905年，日本东愿派佛教法师阿部荣全来大连布教并着手建造东本愿寺。1906年，他将自己在朝鲜仁川布教时获悉的中国元朝古钟身世报告日本当局，日本当局遂将古钟运往大连，并安放在东本愿寺。1958年，古钟被迁至劳动公园。该钟钟体文为梵文“阿罗尼咒”经文，主要内容是祈祷各方佛祖保佑平安、健康，故起名“祈福钟”。

公园内，一年四季，繁花不断，苍松翠柏挺拔成荫，樱花碧桃令人赏心悦目，樱花开时，蝶飞蜂舞；郁金香绽放时，公园被装点成五颜六色的花的海洋。每年的牡丹花卉展、菊花展、荷兰郁金香花展等大型花展和新春花灯会都在这里举办，是文人墨客、摄影爱好者、情侣，以及家庭野餐的首选之地。

劳动公园

门票： 免费开放（花展期间除外）；漂流30元。

开放时间： 9：00—21：00。

交通导航： 乘2路、11路、16路、24路、27路、401路、406路、701路、707路、709路可达。

儿童公园——观景忘行

大连儿童公园又名海港公园，明泽公园。各种设施是为儿童活动精心打造的，活泼明快，是一家三口的好去处。

儿童公园位于大连市中山区哈尔滨街，面积6.1万平方米，是被风景街、南山街和南山路包围的三角形公园，包括明泽湖和儿童乐园等。

儿童公园

该园是1909年为排洪贮水所建的缓冲池——镜个池。到1936年，围池成园，取名 “镜个池儿童游园”。1951年，大连港务局对其进行修缮改造，并更名为“海港公园”。1953年海港将该园移交政府管理，更名为“民泽公园”。1972年4月公园易名为“儿童公园”沿用至今。公园在粉碎“四人帮”后扩建修整，于1981年6月1日再次开放。

儿童公园是因湖而建的公园，湖是它的主角。3万多平方米的明泽湖绿波荡漾，湖堤由花岗岩整齐堆砌而成。泛舟碧波之上，透过清清的湖水，金鱼在追逐嬉戏，好不自在，而水榭长廊则被成群的鱼儿包围了，它们在享受游人给它们带来的食物。站在岸边或是栈桥上依稀看到红色鲤鱼游弋水中；深入湖中央的小亭，自然古朴，时常有好歌者，立亭面湖，或清晨练嗓，或渔歌唱晚；湖北岸木质栈道顺湖而铺，面湖的长椅总有闲坐观景之人。四周还有精致的小别墅，别墅的外层则是林立的高楼。但是当你漫步在游览道上，城市的喧嚣释然而去，别样清幽的感觉油然而生。

儿童公园与周遭的完美结合，让它多了一份和谐少了一份张扬，多了一份纯美少了一份造作，游历该园真的能体会到欧洲的那种在街边就能观景的随意和闲适。它的那种恬淡美景让人心情放松。更有绿荫遍园的芳草，引一对对新人拍摄婚纱，湖面微风吹过，白纱盖住碧草，不远处喜鹊脆鸣，好像在为他们送上祝福；贯穿于绿地其间的小路就像是在白纸上信手绘制的线条，随意和谐，三两行人漫步其间，观景忘行。

门票：免费。

开放时间：全天开放。

交通导航：乘车14路、24路、27路、708路车在儿童公园下车。

胜利塔——反法西斯战争的胜利

胜利塔是1955年苏军撤离旅顺之前为纪念战胜日本帝国主义及反法西斯斗争胜利十周年而建。

苏军撤离旅顺之前，为了纪念中苏友谊，在现旅顺口区太阳沟景区建造一座胜利塔，塔高45米，寓意1945年世界反法西斯战争胜利。

胜利塔塔身呈五角形,用花岗岩砌成,造型整洁美观。1955年3月动工，同年9月竣工。参加落成典礼的有我国国防部副部长肖克和苏军远东指挥部代表什麦列夫少将等。塔内有水泥阶梯178级，可盘旋直通塔顶两层平台。在上层15米高的铜制镀金塔尖上，镶饰着一颗制作精美别致的稻穗环绕的红星，光芒四射。塔徽象征着胜利和友谊。塔基柱由五根六角柱和十根八角柱构成，塔身的下部正侧面有一块大铜板，上面刻着：“一九四五年八月至九月，英勇的苏联武装力量粉碎了日本帝国主义的精锐部队关东军，并在中国人民武装部队配合下，从日本侵略者手中解放了中国东北。”在塔身南端刻着：“苏中两国人民的伟大友谊万岁！”铁门朝西，塔的上部镶饰着青铜制作的各种花纹图案，分布在塔的五个面上，显得十分庄重。塔基四周是绿草坪，塔基与塔身基柱构成五面厅门，厅内满铺光滑大理石，十分壮观。

在胜利塔的四周是松柏和花坛，每当春夏之际，这里的桃花、樱花相继开放，月季、牡丹争芳斗艳，风景优美，引来络绎不绝的四方游客。

友好广场

门票信息： 10元。

开放时间： 8：00—16：00。

交通导航： 公交2路、3路、5路可达。

第10章

大连风情之歌

女骑警——大连亮丽风景线

大连女骑警是世界上第一支成编制的女子骑警队，大队集巡逻、治安、安全保卫、城市管理、体育运动和礼仪表演于一体，被誉为“华夏警花第一骑”。

骑警在西方国家有着数百年的历史，主要用于礼仪和治安。大连骑警最初成立时，全部是男警员，也是治安和礼仪功能并举。而随着时代的发展，“男骑警”逐渐退出了历史的舞台，取而代之的是以全新的面貌出现的“女骑警”。

有“华夏警花第一骑”之誉的大连女子骑警大队成立于1994年12月，是国内成立最早的一支女子骑警队伍，也是世界上第一支成编制的女子骑警队。初始组建骑警时的马匹是从欧洲购买来的血统纯正的名贵马匹，后来香港赛马会主席在看到大连对马匹的精心喂养和善待后深受感动，决定将一批曾为赛马事业立下汗马功劳的世界名马赠予大连。目前，女子骑警大队主要承担负责路段及城区重点广场的治安巡逻控制，庆典的保卫和礼仪表演、大型文体商贸活动，重要首长、外宾来连的礼仪警卫等任务。为提高女骑警大队整体素质，大连市还建设了女骑警训练基地，骑警基地位于大连市中山区中青街，占地3万平方米，女骑警们每天在这里生活、训练。

随着大连女骑警的声名远播，女骑警基地也日益受到关注。为满足广大游客的要求，大连市公安局将女骑警基地对外开放，成为“北方明珠”大连的一大景观。基地为室外沙地，环境宜人。这里的马身体状态和训练素质都比较好，跑步时很稳定，节奏均匀。骑马时有教练指导，并且有潇洒靓丽的女骑警在身旁看护以保证安全。这里适合马术业余基本功训练、初级练习和休闲骑乘。

现在，大连现代博物馆特设有女骑警馆，将女骑警用过的马鞍马刀、穿过的各式服装和获得的荣誉牌匾作长久性存展。大连女子骑警队的诞生不但为中国警界开创了一种新的形象，而且为大连这座开放城市增添了一道亮丽的景观。在大连市，游客时常可以看到女骑警的身影。

女骑警

门票： 门票30元/人。散客骑马价格180元/小时。

开放时间： 女骑警表演时间：10：00，15：30，18：30。骑马营业时间：9：00-11：00，13：00-17：00。

交通导航： 女骑警基地可乘坐207路、214路、223路、244路、246路、603路公交车均可到达大连广播电视塔。

女骑警英姿

南山日本风情街——全日式街道

位于中山区的日本风情街是一条为了保留一些日式风格建筑而建设的一条旅游街。全称应为南山旅游风情街，

在大连有一片济南街、七七街、望海街及山林街围合地块，其内建筑是以日式风格而建设的，占地11万平方米，街长700米，别墅110余栋，规模宏大，它就是“南山日本风情街”。整个街区生活配套设施成熟完备、智能、休闲，设有日式茶道馆、餐馆、酒店、花店、书店、咖啡店、表演馆、旅游商店等公共休闲场所。一条街的所有商业基础设施均从日本引进，并按照日式规划理念设置投放。区域建筑覆盖率为20%～25%，绿化覆盖率在30%以上，总体布局突显日本风情特色，追求具有代表性的历史人文居住环境。

这条街所在地曾经有数百栋日式建筑风格的洋房，是日本高级职员的积聚地。后来周围的许多建筑，年久失修。为了保留这道城市风景，便修复建设了这条街及附近的一些老建筑。建筑设计者吸收欧式建筑的精华，并结合日式建筑特点设计这条街的建筑。

在这里每年1月上旬都会举办冰峪冰灯会，5月20日举办大连赏槐会，春节举办中华烟花爆竹迎春会，9月举办国际服装节。

休闲时刻走在安静的小路上，欣赏着日式风情的房屋，舒缓一下心情，很有异国风情的韵味。

日本风情街

门票： 免费。

开放时间： 全天开放。

交通导航： 乘坐23路、24路 、501路公交车南山下车即可。

团结街——汇聚纯正俄罗斯风情

位于西岗区的团结街又名“俄罗斯风情街”，是全国第一条具有俄罗斯19—20世纪风格的俄罗斯风情的街道。

团结街是100年前，俄罗斯人在这里建起的大连第一条街道，至今仍保留了38栋原远东白俄罗斯时的建筑。街长430米，占地3.7万平方米，建筑面积3万平方米，由20余栋俄式、欧式建筑组成。从建筑水准看，虽然是在原居民街道基础上改建扩建的，但仍体现了高精尖豪华建筑水平；从风格上观赏，体现了俄罗斯风情，整条街布满了参差不齐的“塔式”“尖式”阁楼独户，着实令人羡慕，赞叹不已。

团结街的硬件及环境都有俄罗斯“味儿”，这里经营着俄罗斯餐厅、夜总会、酒吧、旅游工艺品、纪念品店等，另外还有用蜡像塑造的20世纪二三十年代白俄罗斯远东总督等行政官员在大连地区办公、生活等情景，有俄式风情马车等娱乐设施。原汁原味的异域格调，引来了众多旅游团体前往观赏。从这条街可以走至大连最繁华的国家一级批发市场——双兴商品城，可谓购物、游览双丰收。

俄罗斯风情街

门票：无。

开放时间：全天。

交通导航：乘坐201路、403路、526路、613路、706路公交车在胜利桥车站。

天津街——大连的昨天、今天和明天

天津街是一条记载着大连百年沧桑的商业老街，一部天津街的历史就是一部大连的历史。

天津街是大连的一条古老街道，也是大连商业的发祥地，位于大连市中山区。

关于天津街的历史要从20世纪说起。1898年中俄签订了《旅大租地条约》后，便着手建设大连市，规划了欧罗巴市街，也就是商业区和俄国人居住区。天津街就是那时建起来的。1904年，日俄战争爆发，日军取胜，随即在俄国设计的基础上进行建设，主要以零售业为主，聚集着大批的日本商店，逐渐形成了大连最繁华的商业区。新中国成立后经过了几次大的改造，特别是2004年的改造，使这条百年老街充满了活力与气度。改造前全长1 720米，改造后，街长1 054米。

改造后的天津街体现着传统特色的同时，又富有现代都市的魅力。在整条街安装几百盏七彩地灯以及造型奇特、独具匠心的多彩水幕喷泉，美轮美奂。传统名店金华面馆、山水楼、王麻子锅贴、杨家吊炉饼、新华书店、张小泉剪刀、群英楼、苏扬饭店、糯米香、马家饺子馆、四云楼烤鸭店、狗不理包子等在老街中开业。此外，一些大连的地方特色产品，如海参主力店、海鲜主力店等也搬上了天津街。

来到天津街，人们很自然联想起大连百年历史发展过程中的沧桑变化，引发人们对老天津街的美好记忆，无不感到今天天津街的巨变是昨天天津街的延续、发展和创新。

天津街

门票： 无。

开放时间： 全天。

交通导航： 乘坐40路、409路、414路、613路、702路、702路民主广场, 707路、712路等公交可达。

第11章

浪漫之都，魅力之城

服装之城——穿在大连

大连有"服装之城"之称，其所创的服装兼具中西风格，融合了日本的做工精细、欧美的挺括潇洒、中国的典雅神韵为一体，已成为世界服装新潮之一。

大连人爱穿，大连人敢穿，在今天，还得加上一条大连人会穿。有句话说得好："吃在广州，玩在上海，穿在大连"。大连就像是一个巨大的走秀场，每条街道都是永不落幕的T型台，每个大连女孩都是充满魔力的模特，这座城市空气里都是时尚的味道。

大连是充满活力的服装城，服装为大连发展助兴开路，服装为城市锦上添花。而大连服装城的兴起，植根于国外先进技术和设备的嫁接、先进管理的引进和结合本土的创新，得益于大连国际服装节，归功于国家的改革开放政策。

大连国际服装节是集经贸、文化、旅游为一体的盛大节日，已成功地举办了23届。每届都吸引着众多国内外的客商和政界要人、外交使节、新闻记者、旅游者前来参加。每届服装节的开幕式晚会均气势恢宏，狂欢暨巡游表演欢快热烈，服装博览精品竞秀，出口洽谈商贾云集，设计大赛佳作生辉，世界名师时装展演光彩照人，国际服饰文化论坛颇有见地，游园会热闹非凡，闭幕式晚会别致新颖。把大连的服装生产和销售不断从一个高潮推向另一个高潮，使中国的服装艺术迅速走向世界，为中国服装走遍天下创造了良好条件。

服装城如今已形成了自己独特的服装文化，"生活服装舞台化、舞台服装生活化"是其重要文化内涵。大连服装文化的重要特征是开放性、开拓性、兼容性及个性化、时尚化。其重要外在表现是今日大连服装已成为中外联系的一条纽带。其贯通中西所独创的立体剪裁法，使大连服装艺术风骚独领，并弘扬了我国真、善、美的传统服饰文化，再现和发展了我国汉代"丝绸之路"、盛唐"衣披天下"的辉煌。

东方槐城——花不醉人人自醉

大连是一座被槐花簇拥的城市，素有“东方槐城”的美誉，槐花也是大连的城市之花。

大连素有东方槐城之称，槐树很多，以刺槐为主。刺槐，树形俊美，花香异常，有较高的观赏和食用价值。槐花花色纯白，清香袭人，尤其是用槐花酿成的蜜，味道纯正，是大连的一大特产。

大连现有刺槐林约45.8平方千米，占整个大连市树种面积的35%，在市区的300多条道路上栽植成行，颇为壮观。槐树花于四月末初开，五月中盛开，花期最长时可延至七月中旬。每年5月下旬春夏之交槐花盛开，苍翠片片，白花点点，香气四溢，装扮得整个大连如诗如画，满城尽飘槐花香。槐香，浓而不烈，清而不淡，槐香醉人，亦能醉心。“槐林五月漾琼花，郁郁芬芳醉万家，春水碧波飘落处，浮香一路到天涯。”正是这时的真实写照。

每逢花开盛时，赏花的人便接踵而来。这时，大连将举行盛大的赏槐会，有11个赏槐地点供市民观赏：槐花大道、槐花社区、槐花谷、森林动物园、金龙寺森林公园、金石滩龙头山、金州新区大黑山、旅顺中路、老帽山、滨海路、迎宾路。赏槐会的主要项目有：品槐酒会，国际民间文化艺术交流、国际风筝邀请赛以及书法表演等，热闹非凡，“东方槐城”的称号名副其实。

槐花可不单单是做观赏的，它还可以食用。我国不少地区有蒸食槐花的习惯，将其采摘后可以做汤、拌菜、焖饭，亦可做槐花糕、包饺子。日常生活中最常见的就是蒸槐花，做法很简单，将洗净的槐花加入面粉拌匀，再加入精盐、味精等调味料，拌匀后放入笼屉中蒸熟即可。此外，在制作粥、汤时也可加入槐花。槐花不但可食，也是一味良药。槐花其味苦、性微寒，归肝、大肠经；入血敛降，体轻微散；具有凉血止血，清肝泻火的功效；主治肠风便血，痔血，血痢，尿血，血淋，崩漏，吐血，衄血，肝火头痛，目赤肿痛，喉痹，失音，痈疽疮疡。它含芦丁、槲皮素、槐二醇、维生素A等物质。芦丁能改善毛细血管的功能，保持毛细血管正常的抵抗力，防止因毛细血管脆性过大，渗透性过高引起的出血、高血压、糖尿病，服之可预防出血。

槐树花的花语是晶莹、美丽、脱俗、春之深爱。走进五月的大连方感受到花语之意味，心甘情愿地迷醉于它的纯净、高雅里，久久回味着，不愿醒来。

槐花

苹果之乡——享誉国内外

大连被誉为“苹果之乡”，苹果品种繁多，包括香蕉苹果、红元帅、红玉、八月酥、祝光、黄金、迎秋等，皮厚而韧，香脆可口，酸甜适度，极易储藏。

大连地处辽东半岛南端，地理位置优越，自然气候宜人，是闻名遐迩的国家重要的水果生产基地，并以苹果风味甘美而著称于世，产量一度居全国之首，有“苹果之乡”美誉。这里的苹果品种繁多，最好的有“白糖苹果”之称的祝光，质细味甜；个头最大的是红元帅苹果；味道浓的是香蕉苹果；色泽好看的是红玉苹果。但知名的还是国光苹果，其含糖量在15%以上，酸甜适度，香脆可口，皮厚而韧，极易储藏，即使放上七八个月，味道仍旧不变。此外，从日本引进的富士苹果，个大皮薄，肉质细密，软松汁多，味道醇厚且耐储藏。

大连种植苹果历史悠久，据《大连市志·水果志》记载，早在1898年，俄国人就在旅顺、金州等地建立苗圃，栽种的植物中就有他们带来的早熟苹果

收获的苹果

苹果园

“红魁”“黄魁”。日本占领大连后，又在南至旅顺、北至瓦房店的多处建果园，大量栽植苹果树。旅大地区的地主和民族资本家发现栽种水果有利可图，也纷纷购买苗木，建立果园，从旅顺、大连，到北三县都有。到了1926年，日本人开办的占地数百亩的大型果园，平均亩产值比粮田高出10倍以上。从此，果树在当地居民中有了一个新名字——“摇钱树”。在日营果园的工人中，有一位后来成了全国知名的果树专家，他就是瓦房店得利寺村人张金厚。他曾两次受到毛泽东主席的接见，被国外专家称为“中国的米丘林”。在瓦房店市东马屯苹果基地，远远望去红灿灿的苹果挂满枝头，硕大的果子蒙着白霜挂着露珠，看上去就那么诱人，让人忍不住想摘下一个尝尝鲜。

新中国成立前后，大连苹果的产量曾经一度占全国总产量的1/7，辽宁省的3/4。尤其是计划经济时期，大连的国光苹果享誉全国。鼎盛时期有黄元帅、红元帅、红玉、银镀、国光、富士等120多个品种苹果，产量位于全国之首，因此被誉为“苹果之乡”。2007年，大连苹果继出口俄罗斯、东南亚、中东、欧洲等国家和地区之后，又出口到美洲国家，打开了美洲市场，使大连苹果真正享誉国内外，不愧于“苹果之乡”的称号。

大连足球——足球之城

推荐星级：★★★

提到大连足球，就不得不提大连实德俱乐部，这艘已经被解散的“功勋战舰”。虽然它已消失在历史的长河中，但依然留给了中国足球一段宝贵的历史财富和一代足球迷中的唯美记忆。

大连实德足球俱乐部的前身为大连万达，作为和山东鲁能、上海申花、北京国安并列的中国顶级联赛的传统四大豪门，大连实德获得过太多的荣誉。中国顶级联赛冠军八次，这是目前国内顶级联赛之最。此外，大连实德也是之前唯一一个达到亚洲足球俱乐部联赛亚军的中国足球俱乐部，一次亚洲俱乐部杯亚军（亚洲俱乐部冠军杯的前身），一次亚洲优胜者杯亚军，一次亚洲俱乐部冠军杯四强，这都是中国足球最值得骄傲的。

2012年11月4日，中超收官之战，成为这支甲A元老队的绝唱。征战中国职业顶级联赛19载，用8个冠军头衔捍卫昔日豪门荣誉的大连实德在本场比赛后告别中国顶级联赛。

尽管大连实德足球俱乐部已经宣布解散，但是其创造的诸多历史战绩依然在国内有着强大的影响力。它在1998年创造的国际足联俱乐部排名赛中第31名，亚洲第一的历史记录，依然等待着国内广州恒大、北京国安等球队去追赶。大连实德的历史记录包括：

中国赛场：

1996年不败夺冠

职业联赛连续55场不败

职业联赛五年主场不败（1994—1998年，主场连续57场不败）

顶级联赛冠军：8次（1994年、1996年、1997年、1998年、2000年、2001年、2002年、2005年）

足协杯(优胜者杯)冠军：3次（足球职业化之前：1992年，足球职业化之后：2001年、2005年）

双冠王（联赛冠军和足协杯冠军）：2次（2001年、2005年）

超霸杯冠军：3次（1996年、2000年、2001年）

2001年中华人民共和国第九届运动会足球赛 冠军

亚洲赛场：

1998年(亚冠前身)亚洲俱乐部冠军杯(亚俱杯) 亚军

1998年远东俱乐部杯 亚军

1999年亚洲俱乐部冠军杯 第四

2001年亚洲俱乐部优胜者杯(亚优杯) 亚军

2003年A3联赛亚军

2003年亚冠联赛 四强

2003年海峡两岸杯 冠军

2004年亚冠联赛 八强

国际赛场

2001年国际足球冠军赛 冠军

大连的足球历史已有近百年，这是国内大多数城市都无法企及的。而在新中国成立之后，大连足球更加强盛。旅大联队曾两胜国家队，联赛前4名的球队中，更曾一度有过77个大连人。新中国成立后组建的第一支国家队，30名国脚当中就有10个来自大连！大连“足球城”称号的由来则要追溯到1952年，那一年国家队要去赫尔辛基参加奥运会，备战期间打遍全国无敌手。在访问大连期间，国家队与旅大联队进行了3场比赛，旅大联队居然打出了1胜2负的成绩。那时候大连的足球氛围已经非常浓厚，因此有了“足球城”的称号。大连的足球文化历史最早则要追溯到1921年，那时大连成立了第一支足球队。 1946年，大连造船厂队成立，并达到了相当高的竞技水准。1951年，东北、华北、华南等6个行政区代表队和解放军、火车头队在天津举行全国比赛，最终以大连籍球员为主要班底的东北队以6胜1平进30球不失一球的惊人成绩一举夺魁 ，书写了大连足球历史的第一篇。1964年全国评定的10个足球重点城市中就包括大连；1979年全国再定16个足球重点城市，仍有大连的名字。

在国家队层面，大连籍球员不计其数，代表新中国参加赫尔辛基奥运会的男足16人名单上，大连人就占了8位。在中国队第一次极度接近世界杯的冲击中，大连籍球员也扮演着重要角色，可惜经验不足的中国队被淘汰出局。在国内赛场上，大连籍球员始终都是生力军。在1985赛季甲级联赛中，前4名的球队分别为辽宁队、八一队、大连队和沈阳部队队，这些队伍中大连人多达77人。大连的足球历史之辉煌是现在很多球队都难以匹敌的。

附 录

8条最值得推荐的大连自助游线路

线路1：现代博物馆 — 星海广场 — 贝壳博物馆 — 大连森林动物园

上午可以先去现代博物馆参观，这是大连市开启21世纪的标志性文化建筑，馆内有许多丰富多彩的展品。之后可以去看为纪念香港回归而建的广场——星海广场，感受一下亚洲最大的城市广场的气势与热闹。中午稍事休息后，下午前往世界展品最多的贝壳博物馆，这里有5000多种贝壳。接着可以去森林动物园看看各种小动物，还有机会体验与野生动物零距离接触的那种震撼。

线路2：中华武馆 — 发现王国主题公园 — 金石滩 — 黄金海岸

早上8点先前往中华武馆，看看十八般兵器和天下第一刀“青龙偃月刀”，还可以看看武术表演。一个多小时后就可以去发现王国主题公园了，在这里可以挑选自己喜欢的项目玩一玩，游览时间建议在4个小时左右。稍事休息之后可以继续游览金石滩，这里有金石蜡像馆、毛泽东像陈列馆等景点。傍晚时分，正好去黄金海岸散步、沐浴海风，享受大海带来的清凉。

线路3：大连观光塔 — 劳动公园 — 友好广场 — 中山广场 — 天津街

一大早可以前往大连观光塔，这里是大连的制高点，可以俯瞰大连全城的风景。从观光塔上下来就是劳动公园，这里有东北地区最著名的漂流游乐项目之一的“峡谷漂流”。下午先前往友好广场逛逛，看一下广场标志性的建筑“水晶球”。友好广场向东就是中山广场，广场呈圆形辐射状，有10条大路从这里向四面八方辐射。在这里还可以不时听到世界名曲。晚上可以去历史悠久的天津街散步，街上有许多美食和商场。

线路4：老虎滩海洋公园 — 棒棰岛 — 海之韵公园

老虎滩海洋公园是中国最大的一座现代化海滨游乐场，公园内有自然天成的碧海蓝天、青山奇石，可以花一上午的时间欣赏迷人的海滨风光和海洋奇观。下午先前往棒棰岛，欣赏一下这处有山有海、有岛有滩的风景胜地。之后可以去海之韵公园看看山峰、森林的自然景观。在海之韵公园周围还有海之韵广场、仿古战舰等景观。

线路5：旅顺博物馆 — 蛇博物馆 — 胜利塔 — 军港公园

旅顺博物馆是大连市唯一一家国家一级博物馆，也是全国近代的优秀建筑，内有藏品近10万件，其中印度犍陀罗石刻艺术品是国内唯一的收藏。博物馆东侧就是蛇博物馆，这是一座以介绍蛇类知识为主的专题展馆，对蛇感兴趣的游客可以仔细游览一番。出了蛇博物馆就到了胜利塔。这是为纪念战胜日本帝国主义及反法西斯斗争胜利十周年而建的。塔周围松柏与花丛环绕，站在上层平台上可以俯瞰到整个太阳沟景区。之后可以去看看最具旅顺滨海小城风光特色的旅顺军港公园，饱览海军战舰的威严风采。

线路6：儿童公园 — 日本风情街 — 大连植物园 — 大连女子骑警基地

早上可以先到位于中山区桂林街的儿童公园散散步，感受一下那种观景的随意和闲适。之后可以前往日式风情街，它占地0.11平方千米，街长700米，别墅120余栋，规模宏大，依照世界不同别墅风格精心建造。中午在风情街吃点日本小吃，稍事休息后，可以前往绿树成荫的植物园，这里空气清晰，景色迷人，是一处真正的休闲之所。之后可以去看看大连女骑警的风姿。

线路7：黑石礁公园 — 自然博物馆 — 星海公园 — 圣亚海洋世界

上午先去黑石礁公园，品味一下形成于约10亿年前的著名的岩溶景观。然后去大连自然博物馆，它是我国建筑规模最大、展示手段最先进的自然博物馆。馆内展出的标本很多是在国内独一无二的，如黑露脊鲸等。下午可以去大连市历史最悠久的综合性大型海滨公园“星海公园”游玩，里面有很多游乐设施。之后可以去旅游景区圣亚海洋世界，与海洋生物亲密接触，感受一下“三大表演”等特色项目。

线路8：南子弹库 — 电岩炮台 — 旅顺口

旅顺是一个久经战争洗礼的地方，因此看一看历史的遗迹才不虚此行。清代南子弹库是一座半地穴式弹药库，也是我国至今保存较完整的一座弹药库，有很高的历史价值和教育意义。电岩炮台修建于清朝末年，原是清军在旅顺口沿岸修筑的13个炮台中的一座，现在是我国沿海五大炮台之一。旅顺口是我国历史上的海上门户，留有众多古迹，其中有中日甲午战争和日俄战争以及日本侵华战争中的各种工事、堡垒等战争遗迹多处。